십오통활
十五通活
집단상담 프로그램

한영주 · 채선기 · 김수진 · 최정호 공저

Sip-O-Tong-Hwal: Group Counseling Program

학지사

머리말

'15세'는 인생의 첫 번째 전환기, 사춘기의 정점을 상징하는 나이이다. 우리나라의 중학교 2학년에 해당하는 15세는 흔히 가장 힘든 청소년 시기로 꼽힌다. 학교현장에서 '중2 담임교사는 액받이'라는 말이 나오기도 하고, 부모들은 '도 닦는 마음으로 중2를 버텨야 한다'는 조언을 듣기도 한다. "나는 특별해. 아무도 나를 이해하지 못해!"라고 말하는 허세와 자기중심적 특징을 일컬어 '중2병'이라는 신조어가 유행하기도 했으니, 우리 사회가 15세 청소년들을 '위험한 문제집단'으로 여기는 것은 분명한 현상이다.

2014년 EBS 다큐프라임 5부작으로 방영된 〈교육혁명–15세에 주목하라〉에 참여하면서, 15세에 초점을 맞추어 여러 이론을 탐구하고 세계 곳곳에서 진행되고 있는 15세를 위한 교육과 상담 프로그램들을 접하게 되었다. 또한 다큐 제작진과 전문가들의 오랜 논의를 통해 개발된 프로그램인 '15세 인생수업'의 리더로서, 1년 동안 매주 15세 아이들과 집단상담 프로그램을 진행하고 참여한 아이들을 인터뷰하는 기회를 가졌다. 이 경험을 통해 나는 15세 아이들의 혼란스러운 특성과 까칠함이 '중2병'이라는 병리적 관점으로 치부되면 안 된다는 점을 확신하게 되었다. 처음에는 말도 붙이기 어려운 까칠함, 예측 불가능한 감정표현이라는 껍질 속에는 '내가 누구인지, 이제 나는 어떻게 살아야 할지' 숙고하는 진지한 아이가 있었고, '나의 길을 찾고 싶다'는 성장과 갈망의 눈빛이 있었다. 이제 어린아이 시기를 보내고, 한 인격체로 자신만의 새로운 정체성을 만들어 가는 과도기에 선 15세 아이들! 이들은 필연적인 혼란과 동요의 과정을 겪으면서 나름의 방식으로 세상과 자신을 탐색해 가고 있었고, 믿고 지켜보며 도와달라는 표현을 그들만의 방식으로 표현하고 있었다. 자신들의 마음속 이야기를 꺼낼 수 있는 장을 마련해 주고, 쉽게 다듬어지지 않는 굴곡의 시간을 견뎌 주며, 아주 조금이라도 그 마음을 알아주는 누군가를 만날 때, 아이들은 뜻밖에 너무나 쉽고 빠르게 안정감을 찾으며 자신들 안에 있던 성장의 잠재력을 찾아가는 모습을 보여 주었다. 방송에서 보여 주었던 것 이상으로 이 프로그램에 참여한 아이들의 변화 폭은 크고 감동적이었다. 가정과 관계 속에서 받았던 상처를 치유하고, 손상되었던 관계를 다시 바라보고 회복하기도 했으며, 미래의 방향을 설정하면서 그렇게 싫어하던 공부를 스스로 시작하기도 했다. 그토록 지지부진해 보였던 시간을 통과하면서 조금씩 변화를 보이고, 그 변화가 또 다른 변화로 이어지는 모습을 지켜볼 수 있어서 참으로 행복하고 뿌듯했다. 15세는 빨리 지나가야 할 가장 비극적인 나이가 아니라, 아이들이 성인으로서 자신의 미래를 만들어 근본적 토대를 재구성하는 아름다운 기회의 시기인 것이다.

이러한 방송 경험에서 시작되어 15세 청소년의 뇌 발달 연구의 결과, 심리발달이론, 그리고 사회학적 관점을 토대로 만들어진 것이 『십오통활(十五通活): 집단상담 프로그램』이다. 여기서 말하는 15세는 물리적 나이가 아니라 사춘기의 정점을 겪어 내는 중학교 시기의 전반을 의미하는 나이이다. 이 프로그램은 15세를 '중2병'과 같은 병리적 시각으로 바라보지 않고, 오히려 전 인생의 기반이라 할 수 있는 '자아정체성'을 확립해 가는 골든타임, 즉 두 번 다시 오지 않을 기회의 시기라는 관점을 기반으로 하고 있다. 따라서 15세 청소년들이 정상적인 과도기를 충분히 거치면서, 여유를 가지고 자신과 타인, 세상을 탐색할 수 있는 기회를 제공해야 한다는 원칙을 가지고 세부 프로그램 요소를 구성하였다.

십오통활 집단상담 프로그램은 실제 상담경험과 교육경험을 가진 상담학 전공 교수 및 연구원들이 체계적인 절차를 거쳐 탄생시킨 프로그램이다. 특히 우리나라 교육현실과 15세 청소년들에 대한 탐구, 그리고 집단상담에 대한 지식과 경험을 프로그램에 녹여내고자 노력했으며, 현실적이고 구체적인 청소년 집단상담 프로그램으로 구성하고자 노력하였다. 또한 실제 학교장면에서 프로그램을 여러 차례 실시하면서 우리나라 교육현실에 맞게 여러 차례 수정·보완하는 과정을 거쳤다. 책의 내용 또한 청소년 상담이나 집단상담 프로그램을 실행해 본 경험이 있는 사람이라면 누구나 쉽게 이해하고 다양하게 적용해 볼 수 있도록 최대한 세부적으로 제시하였다.

십오통활 집단상담 프로그램이 개발되어 학교현장에서 실행된 지 만 2년 반의 시간이 지났다. 그동안 이 프로그램은 전국의 다양한 학교와 기관으로 확장되었고, 15세상담연구소와 지도자양성과정 또한 괄목할 만한 성장을 해왔다. 2014년 7월, 다운진국제기독학교에서 9명의 중2 아이들과 함께한 집단을 시작으로, 15세상담연구소에서 공식적으로 진행한 십오통활 집단상담은 2017년 3월 기준 총 70개 학교, 325개의 집단에 달한다. 2년 반 동안 15세상담연구소를 통해 십오통활 집단상담에 참여한 아이들의 수는 약 4,400여 명이고, 지도자양성과정에 참여한 전문가만 약 700명이다. 특별한 홍보나 마케팅을 한 것도 아닌데, 작은 연구소에서 개발된 프로그램이 이처럼 빠르고 광범위하게 퍼져 나가는 것을 지켜보며 우리 개발자들은 놀라움을 금할 수 없었다. 특히 서울시교육청의 자유학기제 선택 프로그램으로 선정되어 '좋은 여자 좋은 남자 되기 프로그램'이라는 이름으로 서울의 각 중학교에서 지속적으로 진행되고 있고, 2년이 지난 지금까지 교사들 사이에서 꾸준히 높은 평가를 받고 있는 것은 고무적이다. 2016년부터는 인천광역시 연수구에서 지원하는 교육사업(사업명: 아름다운 중2, 연수구를 부탁해)으로 선정되어, 연수구의 중학교 2학년 학생들이 십오통활 집단상담 프로그램을 경험하고 있다.

그 외에도 대구와 부산, 대전 등에서 다수의 상담자들이 지도자양성과정에 참여하면서 각 지역에서 다양한 방식으로 십오통활 집단상담이 진행되고 있다. 이처럼 실제 학교현장에서 지속적으로 프로그램에 대한 요청이 쇄도하고, 전국으로 퍼져 가는 확장 속도를 보면서 십오통활 집단상담 프로그램이 우리나라 15세들에게 효과적이고 강력한 영향을 주는 것임을 다시 한 번 확인하게 된다.

2년 반의 시간 동안 다양한 현장에서 십오통활 프로그램을 실행하면서, 프로그램의 세부적 내용들이 더욱 정교해지고 현실적으로 수정되었다. 원 프로그램의 목적과 방향은 동일하지만, 실제 상담장면에서 적합하지 않은 부분들이 수정되고 더 효과적인 내용들이 삽입되기도 했다. 프로그램의 효과성을 과학적으로 검증하는 여러 편의 연구논문과 학위논문이 출판되기도 하면서 현재의 수정 · 보완된 프로그램이 새로운 책으로 세상에 나오게 되었다. 십오통활 집단상담 프로그램을 현장에서 실행하고 효과를 검증하고자 하는 실무자들에게 이 책이 현실적인 도움이 되기를 바라는 마음이다.

이 프로그램은 많은 분의 지원과 노고, 도움을 받아 세상에 나오게 되었다. 특히 프로그램의 개발과 출판까지 전 과정에서 물심양면으로 지원을 아끼지 않으신 한국상담대학원대학교 이혜성 총장님께 깊은 감사의 말씀을 드린다. 전 한국청소년상담원 원장이셨던 이혜성 총장님은 우리나라 청소년들에 대해 깊은 애정을 갖고 청소년들이 가진 아름다운 특성인 청소년성(youth spirit)을 지향하는 프로그램을 시도하는 일에 큰 관심을 두고 계신다. 이혜성 총장님의 통 큰 배려와 격려가 없었다면 이 책은 만들어지지 않았을 것이다. 또한 휴일도 없이 집중적으로 프로그램의 개발과 급속한 확장, 세심한 수정 · 보완에 전력을 다해 준 15세상담연구소 연구원들의 노고가 있었기에 이 책이 더욱더 현실성 있게 완성될 수 있었다.

아무쪼록 이제 본격적인 자신의 인생을 시작해 가는 15세 청소년들이 마음껏 고민하고 표현하고 경험할 기회를 마련해 주는 일에 이 책이 활용되었으면 한다. 입시를 비롯한 경쟁문화에서 자신의 청소년성(youth spirit)을 제대로 발휘하지 못하고, 살아남기 위해 애쓰는 우리나라의 모든 청소년들이 반드시 십오통활 집단상담 프로그램을 경험하기를 바란다. 이 프로그램을 통해 자신이 누구인지를 발견하고, 주변의 사람들과 더불어 소통하며 사랑하며 사는 방법을 배우며, 자신의 꿈을 발견하여 힘차게 발걸음을 내딛는 청소년들이 많아지기를 기도한다.

2017년 8월

대표 저자 한영주

차례

십오통활

이해편

프로그램의 개발 배경

청소년기는 급격한 신체적 · 인지적 · 정서적 변화를 경험하며 성인이 되어 가는 발달상의 과도기로, 자신의 몸과 마음에서 진행되는 변화에 대처하는 것만으로도 상당한 에너지를 소비하게 된다. 2차 성징으로 몸의 변화를 겪으면서 여성과 남성으로서 자신을 발견하고 성에 집중하는 '사춘기'를 겪게 되고, 뇌의 재구조화와 동시에 진행되는 인지적 · 정서적 혼동을 경험한다. 또한 그동안 자기 세계의 기반이었던 가족을 넘어서 새로운 사회적 관계를 형성하며 새로운 기반을 형성할 과제를 맞게 된다. 한마디로 자신이 속해 있던 세계 자체가 전복되면서 새로운 세계, 즉 새로운 자아정체성(self-identity)을 구축하는 내적 혁명을 겪는 것이다. 이러한 청소년들이 보이는 불안과 혼동의 표현을 기존의 병리 · 치료적 관점에서 평가하고 해결해야 할 문제로 대하는 것은 청소년기의 발달과정을 이해하지 못하는 부적절한 접근이다. 청소년들이 겪는 발달적 어려움을 청소년들 자신의 관점에서 이해하고, 그들 스스로 자신의 변화와 혼동을 수용하며 새로운 세계를 구축할 수 있도록 여유를 제공하는 것이 청소년들을 실질적으로 도울 수 있는 접근이다.

인류의 대다수 문화에서는 개인이 겪는 발달 단계상의 과도기, 인생의 급격한 변화에 진입할 때에 당면하는 혼동과 어려움을 인정하고, 이를 보다 편안하게 수용할 수 있도록 돕는 장치를 마련하고 오랜 세월에 걸쳐 실행해 왔다. 특히 아동기에서 성인기로 진입하는 청소년기의 정점에서는 강렬하고 중대한 일련의 활동을 거치면서 사회의 정식 구성원이 되는 상징적 의미를 확립할 기회를 제공해 왔다. 문화마다 다양한 방식을 활용했지만, 공통적으로 청소년들이 과거 어린아이로서 자신의 정체성에 작별을 고하고 성인으로서 사회라는 세계에 진입할 새로운 정체성을 획득해 가는 일련의 활동을 실행했다. 이를 성인식 혹은 통과의례라고 부르는데, 이 과정을 거치면서 청소년들은 인생을 책임지는 성인으로서의 정체성을 확고히 하고 궁극적으로 미래 사회를 책임질 새로운 일원으로 준비되는 시간을 가질 수 있었다.

그러나 현재 우리나라에서 청소년기는 '빨리 지나가야 할 시기' '대학진학이라는 절체절명의 목표를 달성하기 위해 학습 외의 헛된 것에 신경 쓰지 않도록 특별히 단속해야 할 시기'쯤으로 간주되는 것으로 보인다. 인생의 어느 시기보다 과중한 학습이 강요되고, 청소년들이 경험하는 내적 혁명이나 뇌의 변화로 인한 다양한 경험은 학습을 저해하는 방해물, 그러므로 빨리 치워야 할 '문젯거리'에 불과하다. '나는 누구인가?' '나는 어떤 삶을 살 것인가?' 등 새로운 자아정체성을 형성하려는 필사적인 질문들은 비현실적인 고민일 따름이고, 어느 곳에서도 청소년이 자신의 정체성을 고민하면서 세워 갈 기회를 제공하고 있지 못하다. '2009년 개정 교육과정'에서 창의적 체험활동이 정식 교육과정으로 등장하면서 각 학교에는 이를 전담할 인력이 배치되었으나, 이 또한 '진로'와 관련된 영역에 국한되어 있기 때문에 청소년기의 혼동과 불안을 진지하게 듣고 과도기적 혼란을 허용하며 함께해 줄 여유는 없는 상황이다. 이런 현실에서 2014년 시범적으로 시도된 '자유학기제' 도입은 청소년들에게 자신만의 정체성을 찾고 확립할 기회와 장을 제공하고자 하는 점에서 매우 고무적이라 할 수 있다. 그러나 높은 관심과 요구에 비해, 실제로 일선 학교에서는 제공되는 인성교육 프로그램이 기본 방향이나 실행준비도 면에서 아직 미흡하다는 지적이 많이 제기되고 있으며, 앞으로 이에 대한 꾸준하고 체계적인 대책 마련이 절실하다.

'십오통활(十五通活)'은 사춘기의 정점에 있는 15세 청소년들에게 정체감 형성의 기회를 제공하고자 우리나라 현실에 적합하게 개발된 프로그램이다. 15세 청소년기를 중2병이나 해결할 문제로 보는 병리적 관점을 지양하고, 청소년들이 인생의 정상적 발달과정을 잘 경험하여 성숙한 성인으로 진입하도록 돕는 것이 이 프로그램의 궁극적 목표다. 특히 심리적 과도기에 서 있는 청소년들이 자신의 잠재능력을 개발하여 원하는 성장과 성취를 향해 나아갈 근본적 토대인 건강한 정체감 형성에 초점을 두고 있다. 15세 청소년은 이제 어린아이로서의 정체성을 뒤로하고 새롭고 넓은 사회 속에서 살아갈 새로운 정체성을 확립하는 과제 앞에 서 있다. 지금 이 시각에도 우리나라의 15세 청소년은 오롯이 자기 자신만이 겪어 내야 하는 '자아 리모델링' 과정을 치열하게 겪어 내고 있으며, 이러한 경험을 마음껏 나누고 격려 받을 기회를 절실히 필요로 하고 있다. 15세 청소년에게는 진학과 학습이라는 유일한 목표성취, 정글 같은 학교에서 살아남기에 전력해야 하는 강압에서 벗어나 자신 안에 일어나고 있는 변화경험을 충분히 나누고 수용 받으며 그 의미를 찾아 자신만의 정체성을 세워 나갈 수 있는 기회가 꼭 제공되어야 한다. 인생의 다음 단계로 진입하기 전에 잠시 동안이라도 '자신만의 세계' 속에서 새로운 세계 적응을 위해 '자아 리모델링'에 몰입할 수 있는 장(場)을 제공하는 것이 15세 청소년을 위한 집단상담 프로그램인 십오통활(十五通活)이다.

15세! 사춘기의 정점이자 어린아이를 벗어나 본격적으로 청소년에 진입하는 상징적 숫자인 이 나이는 강렬한 정서기복과 불안정, 아이다움과 어른다움의 비일관적인 불균형이 대표적 특징이다. '중2병'이라는 신조어를 만들어 낼 만큼 15세 청소년들은 과거의 자신과 판이한 모습을 보이며 혼돈과 불안을 표출하곤 한다. 자신도 '내가 왜 이러지? 나도 나를 모르겠어!' 하는 자아의 혼돈과 생각의 지진을 경험하지만 그 지진 속에서 점차 '진정한 나'라는 새로운 구조, 즉 새로운 자아정체성을 확립해 가는 중이다. 어린 시절에 만들어진 구조를 새롭게 수정하며 새로운 구조로 리모델링해 가기 때문에 15세에 경험하는 다양한 자극, 활동, 만남 등은 청소년들이 평생 살아갈 자아정체성의 구조 속에 포함되어 장차 지속해서 영향을 미치게 된다. 한편으로는 이전에 형성되었던 심리 · 정서적 토대가 리모델링되는 기회이기 때문에 이 시기에 겪는 긍정적 경험들, 특히 타인과의 새로운 관계 경험은 과거의 부정적 경험에 기인한 심리적 어려움을 치유하고 긍정적 에너지로 전환하도록 도울 강력한 기회이다.

'십오통활(十五通活)'은 이러한 필요성에 따라 15세 청소년의 '건강한 자아 정체성 확립'을 돕고, 이를 통해 진정한 청소년성(youth spirit)을 회복하여 자신만의 인생을 성찰하고 계획할 기회를 제공하는 목적으로 개발되었다. 구체적으로 이 프로그램은 15세 청소년들이 '나' '너' '성' '꿈'이라는 네 가지 영역에서 다음과 같은 세부 목표를 달성하도록 구성되었다. 첫째, 자신을 잘 이해하고 사랑하는 '나' 되기를 통해 자신에 대한 긍정적 존중감을 형성하는 것이다. 둘째, 주변 사람들인 '너'와 참다운 관계를 맺을 수 있는 건강한 대인 관계 능력을 향상하는 것이다. 셋째, 사춘기 청소년들의 중요한 주제인 '성'에 대해 올바로 이해하고 주체적으로 수용하여 건강한 성 의식을 갖는 것이다. 넷째, 자신이 원하는 미래의 모습을 '꿈'꾸고 자신의 진로를 선택하고 준비해 나가는 것이다.

'십오통활(十五通活)'은 이미 공진중학교 15세 청소년들과 함께 1년 동안의 프로그램을 진행한 경험(〈EBS 다큐프라임〉으로 방영됨)을 바탕으로 하여 우리나라 교실 현장에 적합한 세부 활동과 구조를 창작하여 차별화된 프로그램으로 재구성되었다. 상담학과 교육학을 전공한 교수들과 석·박사 학생들이 오랜 시간 체계적 절차를 거쳐 현재의 프로그램을 개발했으며, 효과성 검증 연구들을 진행하고 있다. 무엇보다 이 프로그램을 통해 우리나라의 15세 청소년들이 자신을 있는 모습 그대로 존중하고, 건강한 관계를 맺으며, 건강한 성 의식을 갖고, 자신의 미래를 계획하고 책임지는 건강한 '청소년성(youth spirit)'을 회복하길 기대한다.

프로그램의 목적 및 목표

⊙ 자신을 잘 이해하고 사랑하는 '나' 되기

–나를 있는 그대로 인식하고 체험하기
–긍정적인 자아존중감을 형성하기

⊙ 주변 사람들인 '너'와 참다운 관계 맺기

–진정한 친구의 의미를 찾고, 협동과 배려의 중요성 체험하기
–원활하고 효과적인 관계 형성을 위한 방법 배우기

⊙ 건강한 이성관계를 만들 수 있는 '성'의 주체 되기

–올바른 성 지식을 알고 자기 몸의 소중함 인식하기
–성의 주체로서 미래의 성을 계획하기

⊙ 자신의 미래를 선택하고 책임질 수 있는 '꿈' 꾸기

–인생 가치관 탐색하기
–나의 미래를 계획하고 책임지는 경험하기

프로그램의 특징

⊙ '십오통활(十五通活)'은 15(十五)세의 가능성에 주목하는, 성장 패러다임에 근거한 프로그램이다

15(十五)세는 본격적인 사춘기의 정점, 즉 어린이에서 어른으로 진입해 가는 청소년기의 초입을 아우르는 상징적 나이이다. 공자는 『논어(論語)』의 「위정편(爲政篇)」에서 자신의 인생 발달과정을 언급하면서, "나는 나이 열다섯에 학문에 뜻을 두었다(吾十有五而志于學)."라고 하여 15세를 인생의 첫 번째 중요한 전환기로 언급한 바 있다. '학문에 뜻을 둔다.'는 의미는 전 인생의 기반이 되는 근본적 방향과 구조를 세움을 의미하는 것으로, 이미 동양 문화권에서는 15세가 갖는 발달상의 중요성이 널리 인식되었다. 이러한 인식은 우리나라에서 15세 전후의 시기를 '이팔청춘'이라 칭하며 젊음의 대표적 시기로 언급하고, 성인으로 진입하는 상징이라 할 수 있는 상투 틀기, 댕기 달기 등의 성인식 의례를 행했던 전통과 맥을 같이하는 것이다. 현재에도 아일랜드, 덴마크, 호주 등 세계 각국에서 15세 전후의 청소년을 위한 특별한 교육과정과 집단 프로그램을 준비하여 실행하고 있다는 사실을 고려할 때, 15세는 특별히 주목하고 관심을 기울여야 할 결정적 시기임이 틀림없다.

개인마다 차이가 있고 우리나라와 서구식 계산법이 차이가 있지만, 우리나라 중학교 전 시기에 해당하는 15세는 어린아이의 시기를 떠나서 성인기로 진입하는 길목과 같은 시기이다. 눈에 띄는 신체적 · 인지적 · 정서적 변화를 겪게 되는 15세 아이들은 더 이상 '어린아이'라 부를 수 없이 확연히 달라진 모습을 보이지만, 무언가 불안정하고 예측이 안 되는 과도기적 특성을 갖는다. 특히 부모 세대의 사춘기보다 역동적이고 언니, 오빠들의 청소년기보다 훨씬 과감한 중학교 시절을 보내는 요즘 아이들을 두고 우리나라에서는 '중2병(病)'이라는 신조어가 보편적으로 사용되고 있다. '중2병'은 원래 일본의 한 라디오 방송 진행자가 한 "난 아직도 중2병"이라는 말에서 유래된 용어이지만, '아무도 진정한 나를 모른다'는 식의 생각을 대표하는 용어로 쓰이면서 15세 청소년들의 부정적 특성을 부각하는 단어가 된 것으로 보인다. 중2병의 의미를 넓게 본다면, 15세 청소년들이 사춘기 자아 형성 과정에서 겪는 혼란 및 불만과 같은 심리적 상태 또는 그로 인한 반항과 일탈행위 등을 일컫는 말이지만, '남과 다르다' 또는 '남보다 우월하다' 등의 착각에 빠져 허세를 부리는 사람을 비꼬는 말로 쓰이기도 하기 때문이다. '누구나 겪기 마련인 발달과정의 정상적 일탈이지만, 참고 봐주기 어려운 행태'라는 의미를 '병(病)', 즉 질환이나 장애라는 용어를 사용하여 표현한 것이다. 실제로 한 지역의 교육청에서 실시한 중학생 '인성실천 덕목에 대한 태도 및 인식 조사' 결과에서 중1이나 중3에 비해 중2가 유의하게 낮은 인성덕목을 보고한 것으로 나타나면서 '중2병'의 실체가 증명되었다는 소식이 전해지기도 했다. 인터넷에 중2병 자가진단 테스트가 크게 유행할 정도로, 우리나라에서 15세는 '병에 걸린 시기' '치료해야 할 대상' 1호다.

그러나 요즘의 15세들이 유독 문제 있는 병리적 집단인 것이 아니라 15세라는 시기 자체가 인생의 첫 번째 전환기로서 위험(危)과 기회(機)를 동시에 갖는 발달상의 위기(危機)임은 역사와 문화를 막론하는 보편적 사실이다. 한 개인의 인생 발달과정상에서 맞이하는 첫 번째 전환기이자 인생의 다음 단계로 진입하는 발달상의 과도기이기 때문에 15세 시기는 내·외적 혼돈과 격동이 필연적일 수밖에 없음을 기억할 필요가 있다. 이전의 정체성과 새로운 정체성 사이에서 갈등을 경험하며 성장해야 하는 과도기적 특성과 더불어 현재 우리나라의 15세들은 '각자도생(各自圖生)'하며 살아남아야 하는 신자유주의 흐름의 연속인 입시전쟁 속에서 살아가고 있다. 전 인생에서 가장 많은 시간을 공부(입시 준비)에 몰두하는 시기가 '청소년기'인 현재 우리나라의 상황에서, 15세 청소년들은 자신의 인생에서 '새로운 정체성'을 실험하고 고민하며 성찰하는 본래의 발달과업을 수행할 여유가 전혀 없다. 나는 누구인가, 앞으로 어떤 인생을 살아갈 것인가, 인간관계는 어떠해야 하는가 등의 추상적 고민은 미래를 위해 유예해야 할 '사치'일 뿐 아니라, 현재 교실에서 살아남기에 매진하는 것만으로도 버거운 것이 우리나라 15세들의 현실이다. 그럼에도 불구하고 15세 청소년들이 보여 주는 행동과 특성을 그저 '중2병'이라 말하고 '시간이 지나면 나아질 병, 문제아들이 극복해야 할 질환' 정도의 병리적 시선으로 치부하며 '병에 걸린 개인이 처리해야 할 문제'로 방치하고 있는 것이 우리의 현실이라 할 수 있다.

이 프로그램에서는 15세를 이러한 병리적 시선으로 바라보지 않는다. 이 프로그램에서는 15세는 가족이라는 1차 사회를 넘어 더 넓은 사회로 진입할 준비를 해야 하는 정상적 발달의 시기, 모든 사람이 오롯이 겪어 내야 하는 인생의 중요하고 치열한 시기라는 성장 패러다임을 견지한다. 15세는 혼동과 불안을 겪으며 앞으로의 인생을 살아갈 기초 공사, 즉 자아구조의 리모델링 시기로 제멋대로인 것처럼 보이는 15세 청소년들은 모두 각자의 정상적 발달과업을 충실히 이행하고 있는 것이다. 따라서 15세 청소년들이 더 좋은 재료와 친절한 안내, 시간적 여유를 가지고 자아 리모델링 작업을 할 수 있도록 돕고, 충분히 고민하고 실험하면서 자아를 탐색할 장(場)을 제공하는 것이 이 프로그램의 지향점이다. 이 프로그램을 통해 이 시기에 개인의 내·외적 성장에 유익하고 알찬 교육적인 경험, 또래 아이들이나 좋은 어른과의 유대관계 체험, 창작 활동과 예술 체험과 같은 창의적 경험들이 적절하게 주어진다면 이후의 인생을 넓고 깊게 살아갈 수 있도록 촉진할 수 있을 것이다.

이 프로그램은 그동안 병리적 관점에서 간과되어 왔던 15세의 가능성에 초점을 맞추고 있다. 이들이 인생의 첫 번째 전환기를 긍정적으로 통과하며, 건강한 청소년성(youth spirit)을 확립하여 건강하게 성장할 수 있도록 돕는 것이 '십오통활(十五通活)'의 최우선 목표다. 건강한 청소년성이란 건강한 자아

정체성을 가진 청소년들의 특징이라고 할 수 있으며, 구체적으로 자기 수용, 성숙한 관계 맺기, 건강한 성 의식, 미래 계획이라는 네 가지 요소를 포함한다. 즉, 자신을 잘 이해하고 사랑하며, 주변 사람들과 참다운 관계를 맺고, 성과 가정에 대한 건강한 태도를 확립하고, 자신의 미래를 선택하고 책임질 수 있는 능력을 개발하는 기회를 제공할 것이다.

⊙ '십오통활(十五通活)'은 뇌의 발달을 고려한 15세 전성기(전두엽까지 성장하는 기회)를 위한 프로그램이다

15세의 청소년들의 급격한 변화와 특징은 사춘기를 가져오는 성호르몬의 왕성한 분비에 의한 것으로 알려져 왔다. 그러나 15세들을 더욱 정확히 이해하기 위해서는 청소년기의 뇌에 대한 연구들을 주목할 필요가 있다. 인간의 행동과 정서, 사고를 관장하는 뇌에 대한 지식은 개인의 발달적 변화를 예측하는 중요한 열쇠이며, 특히 15세 청소년들의 이해하기 어려운 행동들을 설명할 결정적 단서가 되기 때문이다. 뇌의 변화를 측정하는 자기공명장치(Magnetic Resonance Imaging: MRI)가 개발되면서 미국 국립정신건강연구소(National Institute of Mental Health: NIMH)에서는 1991년부터 개인의 성장에 따른 뇌 변화를 20년 이상 종단적으로 추적하는 대단위 연구를 진행하여 유아기부터 성인기까지의 뇌 발달에 대한 자료를 축적했다. 연구 결과에서 가장 주목할 만한 부분은 10대의 뇌가 다른 시기에 비해 놀라운 변화를 보인다는 사실이다. 신경세포가 모여 있는 대뇌피질의 두께가 10대 중반에 놀랄 만큼 두꺼워졌다가 그 시기가 지나면 얇아지는 현상을 발견한 것인데, 쉽게 말해 10대 중반의 뇌는 성인의 뇌보다 더 크다는 이야기다. 이는 15세 전후의 시기에 뇌의 신경망들이 급격하게 팽창했다가 축소된다는 것으로 뇌가 대대적인 공사를 진행하고 있음을 보여 주는 현상이다. 신경세포와 그 연결고리인 시냅스가 10대 중반에 들어서면서 활발하게 생성되고 무성해졌다가, 15세를 정점으로 최고조에 달하고 그 이후엔 불필요한 부분을 제거하여 정수만 남기며 뇌의 발달이 마무리되는 것이다. 우리가 살아가는 집도 10여 년 지나면 여기저기 보수할 곳이 생기면서 리모델링을 해야 할 시점이 오는 것처럼 개인이 전 인생을 살아갈 뇌의 구조가 15세를 기점으로 대대적인 리모델링 공사를 진행한다는 말이다. 그 정점에 있는 15세는 온갖 전선과 재료들이 엉켜 있는 공사 현장과 같으며, 발달의 차이가 있는 부분들이 불균형적으로 부딪히며 남겨야 할 구조와 그렇지 않은 구조를 테스트하면서 정리해 가는 와중에 있기 때문에 예측하기 어렵고 비일관적인 행동을 하는 것이다.

특히 뇌의 다양한 부분 중에서 15세를 전후하여 대대적 변화를 겪는 곳은 '전두엽'이라는 부위이다. 인간을 인간답게 해 주는 '영장류의 뇌'라고 불리는 전두엽은 이성적 사고를 담당하고 충동을 조절하며 넓게 조망하여 계획을 수립하는 역할을 한다. 특히 전두엽 중에서 전전두엽은 논리전개나 동기부여, 사리분별과 같은 고도의 지성적 기능을 담당하는데, 뇌의 전 부위 중에서 가장 늦게 발달하는 것으로 알려져 있다. 감정을 담당하는 변연계, 시각과 촉각 등의 감각을 담당하는 후두엽은 이미 10대 초반에 발달이 완료되는 반면, 15세의 뇌는 전두엽 부위의 대대적 공사가 시작되어 리모델링 작업을 진행하고 있다. 따라서 15세들은 미세한 감정이나 감각적 정보에 대해서는 충분히 발달해 있지만, 감정을 조절하고 감각 정보를 이성적으로 판단하여 처리하는 능력은 미숙하고 비일관적이다. 어떤 경우에는 합리적이고 적절하게 지성을 활용하는 것 같아 보이지만, 곧바로 다른 부분에서 어이가 없을 정도로 미숙한 판단을 내리고 행동해 버리기도 하는 것이 바로 15세들의 특징이다. 이들은 주로 이성적 판단 이전에 감정 자체로 반응하며, 상황을 전체적으로 보지 못하고 사소한 일에 쉽게 흥분하며 행동화하고, 이유 없는 불안과 공포에 시달리기도 한다.

이 프로그램은 대대적 공사를 진행하고 있는 15세 뇌 발달의 특징을 충분히 감안하고, 이를 기반으로 15세 청소년들의 전두엽이 적절하고 충분한 성장을 하도록 촉진하는 다양한 기회를 제공하고자 하는 15세 전성기(전두엽까지 성장하는 기회) 프로그램이다. 무엇보다 기존의 교육 과정이나 프로그램에서 특정한 주제를 설명하며 전달하는 '일방향(one-way)'의 방식은 15세 청소년들의 뇌 발달을 고려할 때 효과적이지 않다. 한창 공사 중인 전두엽을 자극하면서 정리를 돕고 이성적이고 합리적인 판단 능력을 자극하고 발달시키기 위해서는 이미 충분히 발달해 있는 감각과 정서를 먼저 활용하여 경험한 후, 이 경험을 합리적으로 성찰하는 기회를 갖는 방식이 가장 효과적이다. 따라서 시각이나 촉각, 청각과 같은 몸의 감각과 정서적 몰입을 충분히 경험한 후에, 그 경험들의 의미를 숙고하고 자기 자신의 상황에 적용하여 성찰하는 방식으로 전두엽 기능을 확장하도록 돕는 것이 이 프로그램의 특징이다.

이 프로그램에서는 몸의 감각과 정서, 그리고 의미를 통합적으로 활용할 수 있는 다양하고 창의적 방법을 탐구하고 개발하였으며, 그 구체적 방법으로 각 주제와 관련된 메시지를 담은 '체험적 예식 활동(들머리, 갈무리)'을 회기마다 제공한다. 전달하고자 하는 주제와 의미를 합리적인 설명이나 교육자료 제공과 같이 일방적으로 제시하는 것이 아니라, 프로그램의 주제를 담고 있으며 오감과 정서를 통합적으로 활용하여 체험하도록 고안된 특수한 '들머리 의식'을 먼저 경험하는 것이 이 프로그램의 특징이다. '들머리 의식' 이후 그 의미를 숙고할 수 있는 질문과 토의가 진행되고, 집단원들 간의 나눔을 통해 서로의 배움과 삶에의 적용을 촉진할 수 있도록 설계되었다. 그리고 이 과정을 마친 후에는 자신의 성찰이나 배움을 공표할 수 있는 '갈무리 의식'이 다시 한 번 제공되는데, '갈무리 의식'에서 각 개인은 주제를 더욱 진지하게 자신의 삶에 적용하여 행동하겠다는 결단을 하게 된다. 이 과정에서 15세 청소년들은 자신의 삶과 관련된 주제들을 깊이 생각해 보고 성찰하는 연습, 즉 고도의 뇌 기능인 전전두엽을 활용하는 기회를 갖게 된다. 이처럼 '들머리 의식'의 체험과 의미 숙고, 질문과 나눔을 통한 적용과 성찰, '갈무리 의식'은 일련의 과정으로 매 회기 반복되는 이 프로그램의 기본적 틀이라 할 수 있다.

따라서 각 부의 대주제가 시작되고, 마무리되는 시기에 개괄적 의미를 담은 '체험적 예식 활동(들머리, 갈무리)'이 제공되며, 각 회기의 시작과 마무리 또한 각 주제에 적합하게 고안된 활동들로 구성되어 있다.

⊙ '십오통활(十五通活)'은 15세 청소년과 '통(通)'하기 위한 '활(活)'동 중심의 프로그램이다

15세 청소년들과 소통하기 위해서는 다양하고 창의적인 소통 방식이 필요하다. 특히 어린아이 시기를 벗어나면서 자신만의 정체성을 세워 가야 하는 15세들은 부모나 교사를 비롯한 기존의 어른 세대를 '무조건' 비판적으로 바라보는 경향을 가진다. 기존에 살아온 세계를 벗어나서 새로운 기준을 테스트하며 새로운 도전을 해 보는 것은 오롯이 자신만의 세계를 만들어 가야 하는 15세들에게 필연적인 과정이라 할 수 있다. 지금까지 주어졌던 가치와 기준을 의심하고 무조건 배격하는 것 같지만, 실제로는 아직 자신만의 확고한 생각이나 근거가 없기 때문에 내면의 불안을 행동으로 표출하고 있는 것이 현실이다. 따라서 '아무도 나를 이해하지 못한다'고 외치는 15세들은 자신과 '통'한다고 느낄 수 있는 사람, 특히 유사한 경험을 하고 있기에 서로 이해하기 쉬운 또래나 집단들과의 연결을 매우 중시하게 되는 것이다. '나와 통하는 집단'의 기준, 가치, 선호가 마치 자신의 것인 양 생각하고 행동하며, '나와 통하지 않는 집단'은 무조건 배격하는 일종의 폐쇄집단을 형성하면서 새로운 정체성을 실험하고 형성해 가고 있다고 볼 수 있다.

15세 청소년들에게 필요한 것은 진정으로 '통'하는 사람들, 즉 나를 이해해 주고 받아 주는 사람들과의 관계 경험이다. 또한 그들은 나와 유사한 점을 갖고 있으면서 진심으로 나에게 관심 있는 누군가, 특히 자신의 방향을 지도해 줄 믿을 수 있는 어른인 멘토(mentor)와의 연결을 갈구하고 있다. '십오통활(十五通活)'은 궁극적으로 프로그램의 내용과 형식을 통해 15세 청소년들에게 '통'하는 친구, '통'하는 어른과의 관계 경험을 제공하고자 한다. 구조화된 절차가 제공되지만, 관계 경험을 통한 성장과 변화를 추구하는 '상담 프로그램'이기 때문에 리더와 집단원, 집단원과 집단원들이 서로 진실한 관계를 경험할 수 있도록 지향한다. 인간의 변화는 오로지 '진정한 관계 경험' 속에서만 가능하기 때문이다.

그렇다면 어떻게 15세들과 '통'하는 관계를 맺을 수 있을까? 15세 청소년들과 진정으로 '통'하기 위해서는 '이 사람, 나랑 비슷하다.' '내 마음 알아주네.' '가식이 아니라 진심으로 나를 대하네.'라는 유사성, 열린 마음, 진정성의 테스트를 통과해야 한다. 따라서 우선 '십오통활(十五通活)'의 리더와 코리더는 자신의 15세 경험, 그리고 현재 15세들의 경험에 대해 심도 있는 성찰과 이해를 갖고 있어야 하며, 열린 마음으로 자신의 경험을 먼저 나누는 용기가 필요하다. 모든 회기의 주제는 체험적 예식 활동과 함께 '리더의 자기 경험에 대한 고백'으로 제시된다. 주제에 대한 설명이나 필요성의 설득 등은 오직 리더의 진정성을 바탕으로 전달된다는 전제하에 모든 활동이 진행된다. 특히 15세는 급격한 성적 변화를 경험하는 시기이고, '성'에 대한 관심과 에너지가 매우 상당히 중요한 시기 때문에, 신체적으로 유사한 경험을 나눌 수 있는 동성집단원들로 구성하는 것을 원칙으로 하며, 리더 또한 유사한 경험을 함께 나눌 수 있도록 최소한 1명의 동성 리더나 코리더가 배정되도록 한다.

또한 15세는 급격한 신체적 변화와 함께 대다수의 에너지가 신체 변화 적응에 투입된다. 따라서 정적이고 인지적인 작업을 장시간 진행하는 것은 '통'했던 15세들과의 관계를 '불통'으로 만들기 십상이다. 신체 움직임이 포함된 활동들을 게임이나 공동 목표 등의 흥미요소와 함께 제공할 때 15세들은 보다 적극적으로 배움에 참여할 수 있다. 뇌의 대대적 재구조화를 진행 중인 15세의 특성을 고려할 때, 뇌 발달과 가장 직접적 관련성을 가진 신체 움직임을 통해 뇌의 재구성, 몸의 기억을 통한 장기기억화를 가져올 수 있다고 본다. 따라서 이 프로그램은 가능한 한 활발하고 적극적인 신체활동을 포함하고 있으며, 이는 남녀반의 특성을 고려하여 적합한 신체활동들로 구분되어 제시된다.

'십오통활(十五通活)'은 '들은 것은 잊어버리지만 본 것은 기억한다. 그리고 실제로 몸으로 해 본 것은 나의 것이 된다.'는 전제를 가지고 개발되었으며, 15세와 '통'할 수 있도록 함께 움직이는 '활'동들로 구성되었다. 구체적으로 각 회기별 활동 요소 선정 시 가능한 한 신체를 많이 움직일 수 있도록 개발되었다. 이는 정적이고 일방적인 교육방식이 아니라 프로그램의 진정한 주인이자 수혜자인 15세 청소년들이 적극적으로 참여하는 방식으로 살아 있는 지식과 지혜를 습득하는 것을 목표로 한 것이다. 특히 남학생을 위한 프로그램의 경우, 여학생에 비해 동적이고 왕성한 활동을 하는 특성을 적극 반영하여 남학생들의 에너지를 건강한 신체활동으로 발산한 후 주요 활동을 진행하는 방식을 지향하였다. 이 프로그램은 신체활동을 통해 자신의 몸에 대한 인식과 수용을 높일 뿐 아니라 또래들과 함께하는 신체활동을 통해 실질적인 협업과 정서적 교류, 몸과 마음이 부딪히는 공동체 경험을 하도록 도울 것이다.

프로그램의 전체 구성

⊙ 1부 – 나 Part

회기	소요시간	단원명	주제 및 목표	세부활동
		들머리 의식 – 촛불길 통과의식		
1	90분	오리엔테이션과 나의 상징은?	• 집단원 간의 응집력 형성하기 • 자신의 과거 정리하기	• 상징 그리기 • 규칙 정하기 • 이야기보따리 소개
2	90분	뿌리를 찾아서	• 나 자신에 대해 이해하기 • 어른들에게 받은 영향 생각해 보기	• 나를 맞혀 봐 활동 • 뿌리작업
3	90분	열매를 찾아서	• 나의 긍정적인 특성 찾기 • 나의 긍정적인 특성 강화하기	• 자신의 장단점 찾기 • 친구 장점 찾아 주기 • 장점 나무 작업하기
		갈무리 의식 – 과거 유산 버리기		

⊙ 2부 – 너 Part

회기	소요시간	단원명	주제 및 목표	세부활동
		들머리 의식 – 관계고리 만들기		
4	90분	진정한 친구는 누구?	• 친구의 의미와 협동의 중요성 알기 • 친구관계의 다양한 역할과 자신의 모습 점검하기	• 엉킨 실타래 • 절벽에서 살아남기
5	90분	우정의 레시피	• 좋은 관계를 맺기 위해 필요한 의사소통 방식 점검하기 • 다양한 감정이 있음을 이해하고 공감을 연습하기	• 통통활동 • 감정스피드퀴즈
		갈무리 의식 – 붉은 실		

⊙ 3부 – 성 Part

회기	소요 시간	단원명	주제 및 목표	세부활동
6	90분	들머리 의식 – 알性달聖		
		알性달聖	• 성에 대한 자신의 태도 점검하기 • 올바른 성 지식 갖기	• 솔 · 까 • 임신, 출산, 낙태 동영상 시청
7	90분	너랑 나랑은	• 나만의 스킨십 가이드라인 정하기 • '사랑과 성'에 대한 미래계획 세우기	• 스킨십 가이드라인 • 사랑과 성 지도
		갈무리 의식 – 성수식(聖手式)		

⊙ 4부 – 꿈 Part

회기	소요 시간	단원명	주제 및 목표	세부활동
8	90분	들머리 의식 – 꿈노트		
		가치 보물찾기	• 가치의 중요성에 대해 생각해 보기 • 자신의 가치관을 탐색하고 알기	• 가치관 경매
9	90분	나의 꿈을 향하여	• 나의 꿈에 대해서 생각해 보기 • 꿈을 이루기 위해 필요한 과정 계획하기	• 꿈목록 만들기 • 4컷 만화
10	90분	장애물을 넘어라	• 장애물 극복 체험해 보기 • 꿈을 이루기 위해서 지지와 도움이 필요하다는 것 깨닫기	• 장애물 목록 써 보기 • 자기 선언문 작성
		갈무리 의식 – 장애물을 넘어라		

프로그램 활용 준비

⊙ 프로그램 진행에 필요한 준비물

이 프로그램은 들머리 의식, 15세 청소년에게 적합한 활동 요소인 게임이나 신체활동, 갈무리 의식 등으로 구성되어 있기 때문에, 매 회기 준비물을 활용하는 경우가 많으므로 준비물을 미리 점검하고 확인해야 한다. 매 회기 사용하는 준비물은 기본 준비물 상자에 담아 두고, 그 외 회기별로 필요한 준비물은 따로 확인하여 준비해야 한다. 또한 모둠활동 및 단체활동을 진행하므로 프로그램 내용에 맞는 자유로운 책상 배치가 필요하다. 이 프로그램을 진행할 자격이 주어지는 소정의 지도자 양성과정을 수료한 사람들에 한해 PPT와 동영상 자료, 교구 및 활동지를 제공한다.

특히 프로그램의 전체, 각 부, 각 회기의 시작과 마무리(들머리, 갈무리)에 다양한 통과의식 활동을 진행하게 되며, 이 체험을 통해 프로그램 내 구체적인 활동의 의미를 자연스럽게 생각해 보도록 돕는다. 따라서 학생들이 진지한 자세로 참여할 수 있는 분위기를 조성하고, 들머리 의식, 갈무리 의식 활동에 필요한 준비물을 갖추는 세심한 준비가 필요하다.

⊙ 모둠 구성

이 프로그램은 필요에 따라 모둠활동을 할 수 있다. 다양한 활동을 통해 모둠원을 구성하는 방식을 사용하는 것이 좋으며, 이 과정을 통해 집단의 응집력을 높이고 활동에 대한 흥미를 높일 수 있다. 모둠 수는 2~3개, 각 모둠의 인원수는 4~5명 정도로 구성하는 것이 좋다.

⊙ 프로그램 진행자

이 프로그램은 1명의 진행자가 8~15명의 집단원과 함께 프로그램을 진행하므로 원활한 모둠활동을 돕기 위해 보조 진행자와 함께 진행하는 것이 효과적이다. 주 진행자는 전체 프로그램을 진행하고, 보조 진행자는 프로그램에 필요한 자료를 준비하는 역할을 하며, 소극적으로 참여하는 학생이나 진행을 방해하는 학생이 있을 경우 프로그램에 참여할 수 있도록 격려하는 역할을 할 수 있다. 또한 모둠활동이 진행되는 경우 각각 모둠을 맡아 지도하도록 한다.

⊙ 프로그램 진행의 특징

이 프로그램은 '바람직한 청소년성 확립'을 위해 동성으로서의 경험을 공유하는 것이 효과적이므로 남학생과 여학생 각각의 동성집단으로 프로그램을 운영하는 것을 원칙으로 한다. 또한 가능하면 동성리더가 동성집단을 진행하는 것을 추천한다. 그리고 학생들과 따뜻한 교감을 나누기 위해 이 프로그램에서는 시작과 마무리에서 진행자가 모든 학생을 안아 주는 것으로 인사를 한다.

십오통활

실제편

회기	소요시간	단원명	주제 및 목표	세부활동
1	90분	들머리 의식 – 촛불길 통과의식		
		오리엔테이션과 나의 상징은?	• 집단원 간의 응집력 형성하기 • 자신의 과거 정리하기	• 상징 그리기 • 규칙 정하기 • 이야기보따리 소개
2	90분	뿌리를 찾아서	• 나 자신에 대해 이해하기 • 어른들에게 받은 영향 생각해 보기	• 나를 맞혀 봐 활동 • 뿌리작업
3	90분	열매를 찾아서	• 나의 긍정적인 특성 찾기 • 나의 긍정적인 특성 강화하기	• 자신의 장단점 찾기 • 친구 장점 찾아 주기 • 장점 나무 작업하기
		갈무리 의식 – 과거유산 버리기		

나 Part 1회기 오리엔테이션과 나의 상징은?

단계	소요시간	내용
오리엔테이션	10분	진행자와 보조 진행자 소개 후 오리엔테이션을 진행함 나 Part의 들머리 의식인 촛불길 통과의식을 설명함
나 Part 들머리	50분	촛불길 통과의식을 진행함
상징 그리기	20분	상징에 대해 설명하고 자신의 상징을 그리도록 함
정리하기	5분	회기를 마무리하는 소감을 나누는 시간을 가짐
갈무리	5분	프로그램의 갈무리에 대해 설명 후 회기 마무리를 진행함

활동지도안

<table>
<tr><td>목표</td><td>• 프로그램의 목표에 대해 이해하고 기대감을 갖는다.
• 어린아이로서 살아온 지금까지의 모습을 돌아보고 정리하며, 새로운 나로 성장하겠다는 의지를 갖는다.</td><td>차시</td><td>1회기
(90분)</td></tr>
<tr><td>준비물</td><td colspan="3">• 기본 준비물, 붉은 실, 안대, 상징카드, A4용지
• 오리엔테이션 영상, 의식 음악, 활동지-촛불길 통과의식(부록 나-1)</td></tr>
<tr><td>단계</td><td colspan="3">진행 절차</td></tr>
<tr><td>오리엔테이션
(10분)</td><td colspan="3">① 진행자와 보조 진행자를 소개한다.

“안녕하세요. 여러분! 우리는 앞으로 10주 동안 ‘십오통활’이라는 프로그램을 함께하게 될 거예요. 이 프로그램은 여러분이 지금까지 살아온 삶에서 어쩌면 가장 중요한 변화를 맞이하고 있는 열다섯 살! 15세 여러분을 위해 준비된 여행이에요. 나는 여러분보다 조금 더 먼저 이 단계를 지나왔고 계속 걸어가고 있는 선배로서 여러분이 10주간의 여행을 잘 마무리할 수 있도록 안내를 해 주려고 합니다.”

② 이 프로그램에 참여하는 학생들을 위해 오리엔테이션을 진행한다.

• 학생들이 모두 한 자리(강당 등)에 모여 해당 집단별로 앉도록 지도한다.
• 영상을 통해 프로그램을 소개하고 목적과 필요성에 대해 설명한다. (오리엔테이션 영상)

“열다섯 살은 어린아이 시절을 떠나 새로운 인생의 무대에 올라서는 시작 시기입니다. 여러분이 교복을 입을 때 첫 단추를 제대로 끼는 것이 중요한 것처럼 15세는 여러분 인생의 첫 단추와 같습니다. 15세에는 다른 무엇보다도 좋은 인생을 살아가는 방법을 배워야 할 시기입니다. 나를 알아 가는 방법, 친구와 건강한 관계를 형성하는 방법, 성의 주체로서 건강한 이성 교제를 준비하는 방법, 자신의 미래를 꿈꾸고 계획하는 방법 등을 배우는 것입니다. 다른 누구의</td></tr>
</table>

결정이 아니라, 오롯이 자기 자신이 결정하고, 그 결정에 책임지고, 또 힘이 들어도 용기를 낼 수 있는 그런 어른으로 성장하기를 바랍니다."

진행 Tip

- 오리엔테이션 영상 시청 후 질문을 통해 십오통활에서 꼭 기억해야 할 부분(십오통활의 의미, 네 가지 Part, 십오통활을 하면 좋은 점, 십오통활의 독특한 특징 등)을 이해하도록 하는 것이 효과적이다.
- 앞으로의 활동에 대한 기대를 심어 주는 것이 중요하다.

③ 나 Part의 들머리 의식인 촛불길 통과의식을 설명한다.

- 통과의식의 의미와 중요성에 대하여 설명한다.
- 촛불길 통과의식을 경험하기에 앞서 자신의 과거를 미리 정리해 볼 수 있는 시간을 가진다. (부록 나-1)
- 촛불길 통과의식에 대해 안내한다.

"지금부터 여러분은 새로운 시작을 하게 될 것입니다. 우리는 살아가면서 중요한 시작을 할 때는 항상 의미 있는 잔치를 치릅니다. 예를 들어, 아기가 태어나 1년이 되는 해에 갓난아기에서 아이로 잘 자라기를 바라는 의미로 돌잔치를 합니다. 스무 살이 될 때 성인식을 하기도 하고, 두 사람이 만나 새로운 출발을 할 때 결혼식을 합니다. 이것을 통과의식이라고 합니다.
우리도 각각의 프로그램을 시작할 때와 마칠 때 여러 가지 통과의식을 경험하게 될 것입니다. 오늘은 '십오통활' 여행을 시작하는 들머리 의식으로 촛불길 통과의식을 진행할 것입니다."

"여러분은 안대를 쓰고 진행 교실로 한 명씩 들어갈 것입니다. 줄을 잡고 천천히 걷다 보면 손에 무언가 걸리는 부분이 총 6번 나옵니다. 그 부분에서 잠시 멈춰 서서 걸리는 순서대로 활동지에 작성한 것을 바탕으로 자신의 과거를 떠올리면 됩니다. 그 시기의 자신에게 해 주고 싶은 말을 마음속으로 해 줘도 좋습니다."

나 Part 들머리 – 촛불길 통과의식 (50분)	① **나 Part의 들머리 의식인 촛불길 통과의식을 진행한다.** 〈사전 준비〉 • 들어가는 입구에서 교실 안쪽에 있는 촛불이 놓여 있는 곳까지 줄로 연결해 놓는다. • 태어났을 때부터 지금 15세가 되기까지의 시간을 생각해 볼 수 있도록 6개의 포인트를 만들어 놓는다. • 줄이 끝나는 곳에는 여러 개의 초를 밝혀 놓고 이름표를 놓아 둔다. 〈진행 방법〉 • 강당에서 올라온 학생들이 교실에 입실한다. 이때 한 명씩 교실에 입장할 수 있도록 보조 진행자가 안내한다. • 진행자는 줄이 끝나는 곳에서 촛불길을 지나온 학생을 따뜻한 포옹으로 맞이하고 자리로 안내한다. ② **학생들이 모두 착석한 후, 촛불길 통과의식에 대한 소감을 공유한다.** "인생에는 여러 단계가 있습니다. 각 단계를 지날 때마다 우리는 과거의 단계 문을 지나 새로운 세계로 들어서게 됩니다. 줄을 잡고 걸어오면서 지금까지 살아온 경험들이 떠올랐을 거예요. 좋았던 경험도 있었고 아쉬웠던 순간도 있었을 거예요. 지금까지 잘 살아온 여러분, 모두 수고하셨습니다. 어린 시절을 돌아보고 새로운 출발점에 선 여러분께는 아직 풀리지 않은 인생의 실타래가 남아 있습니다. 과거를 매듭짓는다는 것은 그것을 분리하고 영원히 잊자는 의미가 아니라 과거의 나를 돌아보며 끝맺음을 하고 새로운 마음으로 다음 단계로 나아가는 것을 의미하는 것입니다. 이제부터 각자 촛불길 통과의식을 경험하며 어떤 것들을 떠올렸고 어떤 느낌이 들었는지 이야기를 나누는 시간을 갖도록 하겠습니다." **진행 Tip** • 의식 음악을 틀어 놓고 진지한 자세로 길을 따라 걷도록 한다.

	• 학생들을 안아 줄 때 적절한 멘트: "오느라 수고했다." "잘 살아왔다." "대견하다." "앞으로 잘해 보자." "멋진 어른으로 성장해 보자." "잘 왔어." • 소감을 나누기 전 이야기보따리 소개와 비밀보장의 중요성을 설명하여 안전한 분위기 속에서 자신의 경험을 내어놓을 수 있도록 한다.
상징 그리기 (20분)	① 상징에 대해 설명하고 자신의 상징을 그리도록 한다. (상징카드 활용) "지금부터 자기 자신을 소개할 겁니다. 자신의 이름, 키, 나이 등을 설명하는 것이 아니라 나를 표현할 수 있는 상징을 그려서 나를 소개하도록 할 것입니다." ② 상징을 소개하고 이야기보따리 약속에 동의한다는 의미로 이야기보따리 안에 상징을 넣는다. "앞으로 프로그램이 진행되면서 내 생각과 마음을 이야기하게 되는 경우가 많이 있을 겁니다. 나의 이야기를 할 때 다른 친구들이 끼어들거나 집중하지 않으면 어떤 마음이 들까요?" "자신의 마음을 이야기한다는 것은 상처받기 쉬운 연한 살을 내보이는 것과 같기 때문에 친구들이 조심스럽게 들어 주어야 할 필요가 있답니다. 우리 프로그램에서는 여러 명이 한꺼번에 이야기하는 것보다는 한 사람이 자신의 이야기를 할 때에 집중해 줄 수 있도록 약속을 정하려고 합니다." "지금부터 우리가 사용할 쿠션을 이야기보따리라고 부릅시다. 우리 프로그램에서는 이야기보따리를 가지고 있는 사람만이 발언권을 가질 수 있습니다. 다른 사람은 이야기보따리를 가진 사람에게 모든 관심과 시선을 모아 주는 겁니다. 모두 동의하나요? 다른 생각을 가진 사람이 있나요?" "우리 모두가 약속에 모두 동의하는 의미로, 이야기보따리 안에 자신의 상징을 넣어 봅시다."

	〈진행 방법〉 • 자신을 상징하는 상징물(표식이나 글, 모양 등)에 대해 생각해 보고 그림으로 표현하도록 한다. • 진행자가 먼저 자신을 상징하는 그림 샘플을 보여 주며 설명한다. • 상징을 그려 넣은 종이를 접어서 이야기보따리에 넣는다. **③ 집단의 약속(규칙)과 안전장치(벌칙)를 자발적으로 정한다.** "이 시간이 더욱 즐겁고 의미 있기 위해서는 여러분들의 도움이 필요합니다. 보다 좋은 시간이 되기 위해 우리가 지켜야 할 약속이 있다면 무엇이 있을까요? 이 약속을 잘 지키기 위해서는 어떤 안전장치가 필요할까요?" **진행 Tip** • 상징을 잘 그리지 못하는 학생의 경우 좋아하는 것, 잘하는 것, 별명 등을 질문하여 자신의 상징을 떠올릴 수 있도록 돕는다. • 약속을 정할 때 이야기보따리 사용과 관련된 부분을 언급해 주도록 한다. • 학생들이 자발적으로 약속과 안전장치를 정할 수 있도록 분위기를 조성한다. • 집단의 특성에 따라 약속과 안전장치를 정하지 않을 수 있다.
정리하기 (5분)	**① 회기를 마무리한다.** "오늘 우리는 태어났을 때부터 지금까지 나의 모습을 정리하고 더 멋지게 성장하기 위한 여행의 첫발을 내딛었습니다. 그리고 내가 어떤 사람인지 알아 가기 위해 첫 단추를 꿰어 보는 작업을 했습니다." • 이번 시간을 통해 어떠한 것들을 경험했는지 소감을 나누는 시간을 갖는다. **② 다음 회기에 대해 안내한다.** "다음 시간에는 오늘에 이어서 지금의 나를 더 깊이 이해하는 시간으로 나에 대한 여러 질문에 답해 보고, 나는 어떠한 사람들의 영향을 받아서 지금의 내 모습으로 만들어졌는지를 알아보는 시간을 가질 것입니다."

갈무리 (5분)	① 프로그램의 갈무리에 대해 설명한다. "우리 프로그램을 마무리할 때에는 매번 특별한 의식을 진행하게 됩니다. 초를 켜고 시작한 것처럼 초를 끄면서 오늘 우리의 여정을 마무리하게 될 것입니다." "또한 마지막에 갈 때는 서로 수고했다는 의미에서, 서로의 눈을 바라보며 진심으로 안아 주면서 한 회기를 마무리합니다." ② 시작의 촛불을 끄며 마무리한다. "우리 프로그램에서 중요한 약속에 대해 설명해 줄게요. 우리는 매회 시작할 때마다 프로그램의 시작과 끝을 알리는 간단한 의식을 할 것입니다. 앞에 보이는 초에 불을 붙이면 우리의 프로그램이 시작되는 것입니다. 이 의식은 우리가 매회 시작에 앞서서 진행될 것이고, 프로그램이 끝나면 초를 끄면서 마무리를 하게 됩니다. 다 함께 초를 끄면서 오늘 회기를 마무리하도록 합시다." ③ 진행자와 학생들은 서로 안아 주며 한 회기를 마무리한다. ※ 주의사항 • 프로그램의 초반부이기 때문에, 활동을 진행하면서 학생들의 흥미를 유발할 수 있는 다양한 요소를 곁들여 진행하여 학생들의 동기를 높이는 것이 중요하다. • 티라이트 초 사용 시 안전에 주의한다. • 이야기보따리 사용에 대해 학생들이 잘 숙지할 수 있도록 진행자가 지도하는 것이 필요하다.

〈기본 준비물〉

'십오통활' 프로그램에 사용되는 기본 준비물은 다음과 같다. 이것은 프로그램의 전 과정에서 상시적으로 필요한 준비물이다. 기본 준비물은 '십오통활 기본 준비물' 상자에 담아 두어 프로그램이 진행될 때 사용하도록 한다.

- 티라이트 초, 촛대
- 테이블보
- 이야기보따리(쿠션)
- 필기구: 색연필, 사인펜, 유성매직, 볼펜 등은 학생 수에 맞춰 준비한다.
- 문구류: 가위, 풀, 스카치테이프, 양면테이프
- 명찰
- A4 클리어파일(포트폴리오용)

나 Part 2회기 뿌리를 찾아서

단계	소요시간	내용
들머리	5분	시작의 촛불을 켜고 프로그램을 진행함
들어가기	5분	지난 회기에 진행한 내용에 대해 간단히 정리하고 이번 회기 내용을 설명함
나를 맞혀 봐	30분	나를 맞혀 봐 활동 후 소감 나누기 나 이런 사람이야 활동 후 소감 나누기 *** 두 가지 활동 중 택1**
뿌리작업	40분	뿌리작업의 의미를 설명하고 나를 만든 사람들에 대해 생각해 보게 함
정리하기	5분	회기를 마무리하며 이번 시간을 통해 어떤 것을 경험했는지 소감을 나눈 후 다음 회기 안내함
갈무리	5분	시작의 촛불을 끄며 마무리함

활 동 지 도 안

목표	• 나 자신을 깊이 있게 이해한다. • 지금까지 만나 온 주변 어른들로부터 어떠한 영향을 받았는지 생각해 본다.	차시	1회기 (90분)
준비물	• 기본 준비물, 8절 도화지, 포스트잇, 나 이런 사람이야 카드 • 활동지-나를 맞혀 봐(부록 나-2), PPT-나를 만든 사람들		

단계	진행 절차
들머리 (5분)	① 시작의 촛불을 켜고 프로그램을 진행한다. “오늘 초를 붙일 학생은 나와서 초에 불을 붙여 주세요. 오늘 우리 활동이 어떠한 시간이 되었으면 좋겠는지 한마디 하면서 불을 붙여 봅시다.”
들어가기 (5분)	① 지난 회기에 진행한 내용에 대해 간단히 정리하고 이번 회기에서 진행할 내용에 대해 설명한다. “우리는 지난 시간, 촛불길 통과의식을 통해 자신의 과거를 떠올리며 정리해 봤습니다. 그리고 나를 표현할 수 있는 상징을 그려 자신을 소개했습니다. 혹시 기억나는 상징이 있나요?” “이번 시간에는 내가 어떤 사람인지에 대해 알아보고, 나에게 영향을 미친 사람들에 대해 생각해 보는 시간을 갖게 될 것입니다.”
나를 맞혀 봐 (30분)	*** ‘나를 맞혀 봐’ ‘나 이런 사람이야’ 두 가지 활동 중 택1** ① ‘나를 맞혀 봐’ 활동에 대해 소개한다. “지금 나눠 주는 활동지에는 내가 누구인가에 대해 생각해 볼 수 있는 여러 질문이 있습니다. 한 질문씩 생각하면서 답해 보세요.” “활동지를 다 작성하고 나면, 이 활동지를 통해 ‘나를 맞혀 봐’ 활동을 진행할 겁니다. 뽑힌 활동지의 내용을 듣고 그 사람이 누구인지 맞추는 활동입니다.

<table>
<tr><td></td><td>
솔직하게 자신을 표현해 주기 바랄게요."

② 활동지를 나눠 주고 작성하도록 한다. (부록 나-2)

③ '나를 맞혀 봐' 활동을 시작한다.

〈진행 방법〉
• 두 개로 팀을 나누고, 팀명과 팀장을 정한다.
• 진행자가 한 팀씩 번갈아 가며 질문을 내고 상대팀이 맞히는 형식으로 진행한다.
• 문제를 낼 때에는 총 세 가지의 질문을 읽어 준다. 이때 진행자는 무작위로 선별하여 융통성 있게 진행한다.
예) 1차 시기 정답: 10점 / 2차 시기 정답: 7점 / 3차 시기 정답: 5점/ 3차 시기에도 맞히지 못했다면 힌트를 알려 주고, 이를 맞히면 점수를 준다.
• 본인의 문제에는 반응하지 않는 것을 규칙으로 한다.
• 각 팀별로 활동을 진행하며, 정답을 맞힐 때에는 각자 개인이 이야기하지 않고 같은 팀장의 주도 아래 팀원들과 상의한 뒤 함께 정답을 이야기하도록 지시한다.

④ '나를 맞혀 봐' 활동 이후 어떠했는지에 학생들의 소감을 들어 본다.
</td></tr>
<tr><td>나 이런 사람이야 (30분)</td><td>
① '나 이런 사람이야' 활동에 대해 소개한다.

"지금 나눠 주는 카드에는 내가 누구인가에 대해 생각해 볼 수 있는 여러 질문이 있습니다. 이 카드를 이용하여 한 사람씩 상대방에게 자신을 소개해 보세요."

② '나 이런 사람이야' 활동을 시작한다.

〈진행 방법〉
• 두 명씩 짝지어 한사람씩 카드에 있는 질문에 대답한다.
• 한 명이 모든 질문에 대한 대답을 마치면 순서를 바꿔 진행한다.
• 두 명이 질문에 대한 답을 모두 완료하고 나면, 원으로 다 함께 모여 앉아 한 사
</td></tr>
</table>

	람씩 진행자가 자기소개 카드에서 뽑은 세 가지 질문에 답하여 전체에게 자신을 소개한다.
뿌리작업 (40분)	**① 뿌리작업의 의미를 설명해 준다.** "나무가 자라는 것처럼 우리 모두는 우리의 뿌리로부터 많은 양분을 흡수하여 성장하게 됩니다. 우리에게 있어 뿌리는 무엇일까요? 그것은 아마도 지금까지 살아오면서 경험한 사람들과의 만남일 것입니다. 특히 여러분에게 중요한 영향을 미친 어른들과의 경험이지요. 여러분은 그동안 살아오면서 어른들에게 어떠한 영향을 받아 왔나요? 지금부터 여러분의 삶에 긍정적이든 부정적이든 영향을 미친 사람에 대해 생각해 봅시다." **② 나를 만든 사람들에 대해 생각해 보도록 한다.** "내가 어른이 되어 가기까지는 수많은 환경과 사람들에게 영향을 받게 되지만, 그들 중에 지금의 나를 만든 사람들이 있을 것입니다." "나이가 든다고 해서 자연스럽게 좋은 어른이 되는 것은 아닙니다. 여러분 주위에서 좋은 어른이라고 생각되는 사람을 떠올릴 수 있나요? 아마도 여러분들이 생각하는 좋은 어른에 대한 상(이미지)이 각각 있을 겁니다. 그리고 나는 나중에 이러한 어른이 되고 싶지 않다는 생각을 해 본 적이 있을 겁니다." "여러분은 어떤 어른을 만났나요?" "선생님은 어린 시절 어떤 어른들로부터 영향을 받았는지 궁금하지요? 오늘은 먼저 선생님의 이야기를 해 볼게요." (PPT-나를 만든 사람들) **③ 뿌리작업을 하도록 한다.** 〈진행 방법〉 • 8절 도화지를 학생별로 한 장씩 나눠 준다. • 도화지에 학생들이 자신만의 나무를 그려 넣도록 하며, 이때 뿌리가 보이도록

	그림을 그리도록 지시한다. • 포스트잇을 한 학생당 네 장씩 나눠 준다. • 포스트잇 한 장에 한 명씩 자신의 삶 속에서 영향을 미친 사람들을 쓰고, 그들에게 받은 영향에 대해 구체적으로 작성하여 뿌리 부분에 붙여 보도록 한다. **진행 Tip** • 진행자 자신의 경험을 아이들에게 알려 주고 함께 공유하는 것이 중요하다. 이러한 진솔한 경험 나눔을 통해 학생들의 참여 동기를 이끌어 낼 수 있다. • 학생들이 작업할 때 주변 어른(성인)으로 생각할 수 있도록 안내해 주며, 미디어에서 영향 받은 어른도 있음을 알려 준다. • 어른들로부터 받은 긍정적인 영향뿐만 아니라 부정적인 영향도 떠올릴 수 있음을 알려 준다. • 뿌리 나눔은 전체로 모여서 하지 않고 학생들이 뿌리작업을 진행할 때 리더가 1:1로 질문하면서 자신이 어른들로부터 받은 영향을 구체화할 수 있도록 돕는다.
정리하기 (5분)	① 회기를 마무리한다. "오늘은 내가 어떤 사람인지에 대해 알아보는 시간을 가졌어요. 내가 좋아하는 것과 잘하는 것 등을 탐색하고 소개하면서 나에 대해 알아 가는 시간을 가졌습니다. 다른 친구들의 소개를 들으면서 새로운 것을 알게 되기도 했지요. 또한 여러분 자신에게 영향을 끼친 어른들이 누구인지, 그리고 그들로부터 어떤 긍정적 · 부정적 영향을 받았는지에 대해서도 생각해 보았습니다." "우리는 어른들에게 받은 긍정적 영향을 더욱 살려 나가고 부정적인 영향은 스스로 극복해야 할 것입니다. 우리가 원하는 것처럼 좋은 어른이 되기 위해 스스로 결단하고 바꿔야 할 것은 무엇이 있을까요?" • 이번 시간을 통해 어떤 것들을 경험했는지 소감을 나누는 시간을 갖는다.

	② 다음 회기에 대해 안내한다. "다음 시간에는 뿌리의 영향을 받으면서 만들어진 나의 현재 모습들, 즉 나의 열매에 대해 생각해 보는 시간을 가지도록 하겠습니다.
갈무리 (5분)	**① 시작의 촛불을 끄며 마무리한다.** "다 함께 초를 끄면서 오늘 회기를 마무리하도록 합시다." **② 진행자와 학생들은 서로 안아 주며 한 회기를 마무리한다.** ※주의사항 • 자신의 이야기를 할 때는 이야기보따리를 이용하는 약속을 반드시 지키도록 한다.

나 Part 3회기 열매를 찾아서

단계	소요시간	내용
들머리	5분	시작의 촛불을 켜고 프로그램을 진행함
들어가기	5분	지난 회기에 진행한 내용에 대해 간단히 정리하고 이번 회기 내용을 설명함
내가 보는 나/ 남이 보는 나	30분	학생들에게 자신의 장단점을 적어 보게 하고 친구의 장점 찾아 주기 활동을 진행함
장점나무 만들기	10분	장점나무 만들기 작업을 진행함
나 Part 갈무리	30분	과거 유산 버리기를 진행함
정리하기	5분	회기를 마무리하며 이번 시간을 통해 어떤 것을 경험했는지 소감을 나눈 후 다음 회기 안내함
갈무리	5분	시작의 촛불을 끄며 마무리함

활 동 지 도 안

목표	• 나의 긍정적인 특성과 부정적인 특성을 찾아본다. • 타인의 피드백을 통해 나의 긍정적인 특성을 강화한다.	차시	1회기 (90분)
준비물	• 기본 준비물, 지난 회기 나무 그림, 포스트잇, 견출지(대), A4용지, 색한지, 붓펜 • 활동지–장점 풍선(부록 나–3), PPT–조하리의 창, 의식 음악		
단계	진행 절차		
들머리 (5분)	① 시작의 촛불을 켜고 프로그램을 진행한다. “오늘 초를 붙일 학생은 나와서 초에 불을 붙여 주세요. 오늘 우리 활동이 어떠한 시간이 되었으면 좋겠는지 한마디 하면서 불을 붙여 봅시다.”		
들어가기 (5분)	① 지난 회기에 진행한 내용에 대해 간단히 정리하고 이번 회기에서 진행할 내용에 대해 설명한다. “지난 시간에는 내가 살아오면서 영향을 받은 어른들에 대해 알아보는 시간을 가졌습니다. 주변 어른들로부터 받은 긍정적 · 부정적 영향들을 탐색해 보았습니다. 우리를 나무에 비유한다면, 지금의 나를 만든 뿌리 부분에 해당한 것이지요.” “이번 시간에는 나무의 열매에 해당하는 나의 긍정적인 특징들에 대해 생각해 보는 시간을 가져 보려 합니다.”		
내가 보는 나 / 남이 보는 나 (30분)	① 학생들에게 스스로 생각하는 자신의 장점과 단점을 적어 보도록 한다. (부록 나–3) “지금 나눠 주는 활동지에 내가 생각하는 나의 장점과 단점을 적어 봅시다. 장점을 쓰기가 어려운 학생들은 어렵게 생각하지 말고 사소한 장점이라도 작성해 보세요.”		

〈진행 방법〉

- 자신이 생각하는 자신의 장점 열 개와 단점 세 개를 적어 본다.
- 장단점을 작성한 뒤 학생들과 소감을 나눠 본다.

② 조하리의 창(Johari's window)을 설명한다. (PPT-조하리의 창)

"이 그림에 따르면 '나'라는 사람은 네 개의 부분으로 이루어져 있다고 합니다. 나도 알고 남도 아는 나, 나는 알지만 남은 모르는 나, 나는 모르는데 남이 아는 나, 나도 남도 모르는 나로 나뉘어져 있습니다."

"오늘은 내가 나 자신에 대해 알고 있는 점과 타인이 나에 대해 아는 점을 확인해 보고 그것을 통해 나 자신에 대해 다시 생각해 보는 기회를 만들어 보려고 합니다."

③ 친구 장점 찾아 주기 활동을 진행한다.

"나의 장점에 대해 생각해 보면서 장점을 찾는 것이 어려운 학생들도 있었고 쉬웠던 학생들도 있었을 겁니다. 지금부터는 내가 본 나의 모습만이 아닌, 친구들이 보는 내 모습은 어떠한지 알아보는 시간을 가질 거예요."

〈진행 방법〉

- 학생들에게 견출지를 나눠 준다(견출지는 1인당 전체 인원수에서 자기 자신을 뺀 수만큼씩 준다).
- 친구들의 긍정적인 특성(성격적인 장점, 외형적인 장점)을 한 명당 두 가지씩 떠올려 견출지에 적도록 지시한다.
- 다 작성한 후 진행자의 지시에 따라 자유롭게 돌아다니며 친구들의 겉옷에 자신이 메모한 견출지를 붙여 준다.
- 모든 학생이 견출지를 다 붙여 준 것을 확인하면 각자의 자리로 돌아가 A4 용지에 자신의 몸에 붙어 있는 견출지를 떼어 붙인다.

진행 Tip

- 친밀하지 않아 장점을 잘 모르는 경우에도 첫인상이나 집단을 진행하면서 느낀 긍정적인 특성을 적도록 지시한다.
- 긍정적 특성(태도적 장점, 외형적 장점, 성격적 장점)을 작성할 때, 더욱 구체적으로 쓸 수 있도록 한다.
- 누구에게 쓴 긍정적 특성인지 친구의 이름을 메모하도록 한다(학생들이 친구들에게 붙여 줄 때 용이하며, 겉옷에서 떨어진 경우 쉽게 찾을 수 있음).
- 견출지를 몸에 붙일 때 이름표와 안경을 제외한 부분에 붙이도록 한다.
- 친구와 눈을 맞추고 견출지에 적힌 친구의 장점을 읽어 주고 몸에 붙인 후 서로 안아 주도록 안내한다.

장점나무 만들기 (10분)

① **장점나무 만들기 작업을 진행한다.**

"지금까지 친구들에게서 나의 긍정적 특성을 선물 받았습니다. 이제부터는 받은 장점을 확인하고 내가 생각했던 나의 장점을 종합하여 장점나무 만들기 작업을 진행하려고 합니다."

〈진행 방법〉
- 자신 스스로 찾은 장점과 친구들이 찾아 준 장점을 비교해 보도록 한다.
- 이 중 자신이 가장 마음에 드는 내용을 다섯 개 선택한다.
- 열매로 붙일 포스트잇을 나눠 준다.
- 자신이 고른 장점들을 포스트잇에 작성해 열매를 만들어 나무를 완성한다.

"여러분 자신에 대해 더 많이 알게 되었다는 것은 그만큼 여러분 안에 있는 긍정적인 힘을 더 잘 발휘할 가능성이 높아졌다는 것을 의미합니다. 오늘 새롭게 발견하였거나 그간 잊고 있었던 나의 모습을 다시 한 번 떠올리면서 앞으로 그러한 특성을 더 잘 발휘할 수 있도록 노력해 보면 좋겠습니다. 지금 나무에 달려 있는 열매는 여러분들이 가지고 있는 장점의 아주 작은 부분입니다. 이 시간을 시작으로 여러분 안에 있는 수많은 장점을 찾아 나가기 바랍니다."

<table>
<tr><td></td><td>

진행 Tip

- 경우에 따라 친구가 써 준 장점 중에서 가장 마음에 드는 장점을 써 준 친구를 찾고 가장 많이 언급된 친구를 '장점 King'으로 뽑는 활동을 진행할 수 있다.

</td></tr>
<tr><td>나 Part
갈무리
–
과거 유산
버리기
(30분)</td><td>

① 나 Part의 갈무리 의식인 과거 유산 버리기에 대해 설명한다.

"오늘 우리는 십오통활의 1부 '나' Part의 마지막을 갈무리하려고 합니다. 1부에서 우리는 3주 동안 촛불길 통과의식을 시작으로, 자기를 소개하고 나에게 영향을 미친 어른들을 알아보며 그 영향으로 내가 가진 긍정적인 특징들을 찾아보는 시간을 가졌습니다."

"우리는 더 멋지게 성장하기 위해서 내가 어린아이로서 그동안 가지고 있던 버리고 싶은 습관, 행동, 과거 모습 등을 버리는 활동을 진행할 것입니다. 지금까지 3회에 걸쳐 진행하면서 새로운 나로 성장하기 위해 버리고 싶은 과거의 유산들을 생각해 봅시다."

② 과거 유산 버리기 활동을 진행한다.

〈진행 방법〉

- 학생들에게 각자 색한지와 붓펜을 나눠 준다.
- 학생들에게 과거 자신의 모습 중 버리고 싶은 유산을 생각하여 작성하도록 한다.
- 한 명씩 나와 멀리 떨어진 통에 과거 유산을 버리도록 한다.
- 던져서 통에 넣을 때까지 계속해서 던지도록 한다.

진행 Tip

- 의식 음악을 틀어 놓고 진지하게 버리고 싶은 과거 유산을 생각하게 한다.
- 과거 유산을 버릴 때 주변에 있는 학생들이 던지는 학생을 응원할 수 있는 분위기를 조성한다.

</td></tr>
</table>

정리하기 (5분)	**① 회기를 마무리한다.** "여러분은 오늘 자기 스스로 생각하는 장점뿐 아니라 다른 사람이 바라보는 나의 모습을 확인함으로써 자신에 대해 더 많은 것을 알게 되었을 것입니다." • 이번 시간을 통해 어떠한 것을 경험했는지 소감을 나누는 시간을 갖는다. **② 다음 회기에 대해 안내한다.** "다음 시간에는 친구와의 관계에 대해 알아보는 시간을 가질 것입니다."
갈무리 (5분)	**① 시작의 촛불을 끄며 마무리한다.** "다 함께 초를 끄면서 오늘 회기를 마무리하도록 합시다." **② 진행자와 학생들은 서로 안아 주며 한 회기를 마무리한다.** ※ 주의사항 • 친구 장점 찾아 주기 활동을 하는 동안, 견출지가 바닥에 떨어져 밟히거나 더러워지지 않도록 지도한다. • 자신의 이야기를 할 때는 이야기보따리를 이용하는 약속을 반드시 지키도록 한다.

Ⅱ 너

회기	소요시간	단원명	주제 및 목표	세부활동
4	90분	들머리 의식 – 관계고리 만들기		
		진정한 친구는 누구?	• 친구의 의미와 협동의 중요성 알기 • 친구관계의 다양한 역할과 자신의 모습 점검하기	• 엉킨 실타래 • 절벽에서 살아남기
5	90분	우정의 레시피	• 좋은 관계를 맺기 위해 필요한 의사소통 방식 점검하기 • 다양한 감정이 있음을 이해하고 공감을 연습하기	• 통통활동 • 감정스피드퀴즈
		갈무리 의식 – 붉은 실		

너 Part 4회기 진정한 친구는 누구?

단계	소요시간	내용
들머리	5분	시작의 촛불을 켜고 프로그램을 진행함
들어가기	5분	지난 회기에 진행한 내용에 대해 간단히 정리하고 이번 회기 내용을 설명함
너 Part 들머리	25분	관계고리 만들기를 진행함
엉킨 실타래 풀기	20분	엉킨 실타래 풀기 활동을 진행함
절벽에서 살아남기 / 다 함께 으라차차 / 정글에서 살아남기	25분	절벽에서 살아남기 활동을 진행함 다 함께 으라차차 활동을 진행함 정글에서 살아남기 활동을 진행함 *** 세 가지 활동 중 택1**
정리하기	5분	회기를 마무리하며 이번 시간을 통해 어떤 것을 경험했는지 소감을 나눈 후 다음 회기 안내함
갈무리	5분	시작의 촛불을 끄며 마무리함

활 동 지 도 안

목표	• 친구의 의미에 대해 생각해 보고, 협동과 배려의 중요성을 체험한다. • 활동을 통해 친구관계에 다양한 역할이 있음을 알고, 친구관계에서 자신의 모습을 점검한다.	차시	1회기 (90분)
준비물	• 기본 준비물, 관계고리용 색상지, 마스킹 테이프(절벽에서 살아남기용), 압박붕대(정글에서 살아남기용) • 의식 음악		
단계	진행 절차		
들머리 (5분)	① 시작의 촛불을 켜고 프로그램을 진행한다. "오늘 초를 붙일 학생은 나와서 초에 불을 붙여 주세요. 오늘 우리 활동이 어떠한 시간이 되었으면 좋겠는지 한마디 하면서 불을 붙여 봅시다."		
들어가기 (5분)	① 지난 회기에 진행한 내용에 대해 간단히 정리하고 이번 회기에서 진행할 내용에 대해 설명한다. "지난 시간까지 우리는 다양한 활동을 통해 자신을 이해하는 시간을 가졌습니다. 오늘부터 우리는 2주에 걸쳐 '십오통활' 프로그램의 두 번째 여행을 시작하려고 합니다. 첫 번째 여행에서는 나에 대해 집중적으로 생각해 봤고, 이제는 나를 넘어서 내 주변의 사람들에게로 시선을 넓히겠습니다. 특히 15세인 지금 나에게 가장 중요한 주변 사람은 바로 옆에 있는 '친구들'이겠지요." "지금 우리가 이 여행을 누구와 함께 하고 있는지 주변을 둘러볼래요? 누가 보이죠? 그래요. 선생님도 보이고 친구들이 보이죠? 우리가 이 여행을 하는 데는 부모님, 선생님 등 어른들의 도움이 필요합니다. 하지만 나와 함께 같은 길을 가고, 함께 이 순간을 경험하는 건 바로 여러분 옆에 앉아 있는 친구들입니다. 청소년 시기에 가장 영향을 많이 주는 중요한 관계가 친구입니다. 이건 여러분의 발달과정에서 겪는 아주 당연한, 자연스러운 현상입니다. 그렇기 때문에 친구에 대해서 생각해 볼 필요가 있습니다."		

너 Part 들머리 – 관계고리 만들기 (25분)

① 너 Part의 들머리 의식인 관계고리 만들기를 진행한다.

"친구, 너무나 중요한 단어입니다. 그렇다면 여러분에게 진정한 친구는 어떤 친구인가요? 내가 생각하는 진정한 친구란 어떤 친구인지, 그렇게 생각하는 이유는 무엇인지 생각해 보고, 나눠 준 종이에 적어 보세요. 그런 다음 두 번째 여행을 시작하는 우리 반 앞에, '관계고리'를 만들어 친구들의 생각을 연결할 거예요."

"우리 반 '관계고리'는 두 번째 여행을 진행하는 동안 여러분이 볼 수 있도록 걸어 놓을 거예요. 우리 반의 관계고리를 보면서 자신이 적은 친구의 의미와 관계에 대해 계속 생각해 보는 시간을 가졌으면 해요."

〈진행 방법〉

- 관계고리를 만들 색상지를 나눠 준다.
- 각자 "진정한 친구란 ________다. 왜냐하면 ________때문이다." 문장을 완성하도록 한다.
- 첫 사람은 자신이 쓴 글을 읽고 고리를 만들고 옆 사람에게 넘겨준다. 다음 사람은 자신의 글을 읽고 앞 사람의 고리에 연결하여 고리를 이어 간다.
- 모든 학생의 고리를 연결하여 '관계고리'를 만들어 칠판에 걸어 둔다.

진행 Tip

- 관계고리를 만들 색상지를 넉넉하게 준비하여 색상지를 나눠 줄 때 마지막 사람도 색상지의 색을 선택할 수 있게 한다.
- 의식 음악을 틀어 놓고 진지하게 진정한 친구에 대해 생각하게 한다.

엉킨 실타래 풀기 (20분)

① 엉킨 실타래 풀기 활동을 한다.

〈진행 방법〉

1단계

- 다 함께 손잡고 둥글게 안쪽을 보고 선다. 손을 잡은 채로 모두 바깥쪽을 보고

서도록 한다.

• 성공하면 다시 밖을 바라보고 있는 상태에서 다시 안쪽으로 바라보도록 한다.

2단계

• 안쪽에서 바깥쪽으로, 그리고 바깥쪽에서 안쪽으로 바라보는 것을 1회로 40초 동안 3회 반복하도록 한다.

3단계

• 모두 안쪽을 보고 선 후 오른쪽 사람과 왼쪽 사람을 기억하도록 한다.
• 손을 풀고 자유롭게 춤을 추며 섞인다.
• '그만'이라고 하면 그 자리에서 자신의 오른쪽 사람과 왼쪽 사람의 손을 찾아서 잡는다. 거리를 좁힐 수는 있지만 자리를 바꿀 수는 없다.
• 엉킨 상태를 풀어 원을 만든다.

진행 Tip

• 절대로 손을 놓아서는 안 됨을 강조한다.
• 실패할 경우 어떤 부분이 부족하였는지 질문을 통해 생각하도록 한다.
• 성공한 경우 어떻게 성공할 수 있었는지 학생들 스스로 생각하도록 질문한다.
• 엉킨 상태를 푸는 학생들의 모습을 반영해 줌으로써 주변 사람들과 좋은 관계를 맺기 위해 어떤 것들이 필요한지 함께 알아본다.

절벽에서 살아남기 (25분)

*** '절벽에서 살아남기' '다 함께 으라차차' '정글에서 살아남기' 세 가지 활동 중 택1**

① 절벽에서 살아남기 활동을 진행한다.

"여러분은 이제 어려운 상황을 함께 이겨 내야 할 동료를 만났습니다. 동료들과 서로 도와 가며 절벽에서 떨어지지 않고 주어진 미션을 수행해 주세요."

〈진행 방법〉

• 바닥에 마스킹 테이프로 절벽 두 개를 만든다.

- 절벽은 학생들을 일렬로 서게 한 후, 모둠의 발 간격을 최대한 좁힌 상태에서 테이프로 직사각형을 만든다.
- 두 개의 모둠으로 나누고 각각의 절벽에 일렬로 선다.
- 미션을 주고 선을 넘지 않고 자리를 바꾸도록 한다.
  미션 예) 생일이 빠른 순서, 핸드폰 끝자리가 큰 순서 등
- 한 사람이라도 선을 넘으면 처음부터 다시 시작한다.
- 진행자는 활동을 방해하는 바람의 역할을 한다.

"절벽 위에서 함께 살아남는 경험을 통해 어려운 상황에 닥쳤을 때 친구와 집단을 위해 서로가 어떻게 행동하는지를 엿볼 수 있었습니다. 미션을 수행하기 위해 동료를 돌보지 못했던 친구도 있었고, 함께 절벽에서 살아남기 위해 도움을 주었던 친구도 있었습니다. 이런 동료들 중 진정한 친구라고 생각되는 친구에게는 어떤 특징이 있는지 나눠 보겠습니다."

진행 Tip

- 두 모둠이 경쟁을 하는 것이 아니라 두 모둠 모두 절벽에서 살아남는 것이 중요함을 강조한다.
- 다음과 같은 질문을 통해 진정한 친구에 대해 생각할 수 있다. 특정인을 지명할 경우 이유에 대해 설명하도록 한다.
  - 어떻게 성공할 수 있었을까요?
  - 어떤 친구가 가장 도움을 주었나요?
  - 자신은 친구를 위해 어떤 행동을 했나요?
  - 살아남기 위해 어떤 행동을 했어야 됐을까요?
  - 이번 활동에서 어떤 행동을 한 친구가 진정한 친구라고 생각하나요?
  - 자신은 어떤 역할을 했나요?

다 함께 으라차차 (25분)

① 다 함께 으라차차 활동을 진행한다.

〈진행 방법〉

- 두 명씩 짝을 지어 발끝을 붙여 바닥에 앉고 손을 잡는다.

	• 동시에 일어난다. • 성공하면 네 명씩 짝을 지어 발끝을 붙여 바닥에 앉고 손을 잡는다. • 동시에 일어난다. • 전체가 함께 발끝을 붙여 바닥에 앉고 손을 잡는다. • 동시에 일어난다. **진행 Tip** • 순차적으로 일어났을 경우 다시 하도록 한다. • 학생들끼리 서로 대화를 하며 방법을 찾을 수 있도록 분위기를 조성한다.
정글에서 살아남기 (25분)	**① 정글에서 살아남기 활동을 진행한다.** 〈진행 방법〉 • 약 2m의 간격을 두고 양 끝에 마스킹 테이프를 붙여 출발선을 만든다. • 양쪽 출발선 사이에 간격을 두고 마스킹 테이프로 약 30cm^{2}의 사각형을 세 개 만든다. • 두 모둠으로 나눠 양쪽 출발선에 서게 한다. • 압박붕대로 같은 모둠끼리 서로의 발을 묶는다. • 한 모둠부터 한쪽 출발선에서 시작하여 반대쪽 출발선까지 건너간다. • 한 사람이라도 선을 넘으면 처음부터 다시 시작한다. **진행 Tip** • 두 모둠이 경쟁을 하는 것이 아니라 두 모둠 모두 정글에서 살아남는 것이 중요함을 강조한다. • 압박붕대 이외에 다리를 묶을 수 있는 다른 도구를 사용해도 된다.
정리하기 (5분)	**① 회기를 마무리한다.** "이번 시간에는 진정한 친구의 의미를 생각해 보고, 자신의 친구관계에 대해

	알아보는 활동도 했습니다. 앞으로 살아가면서 주변 사람들과 참다운 관계를 맺는 데 발판이 되는 시간이 되었으면 좋겠습니다. 그리고 이번 시간을 통해 마음속에 떠오르는 친구가 있다면 한 번쯤 자신의 마음을 전해 보는 건 어떨까요?" • 이번 시간을 통해 어떠한 것을 경험했는지 소감을 나누는 시간을 갖는다. ② 다음 회기에 대해 안내한다. "다음 시간에는 우리가 진정한 관계를 맺고 유지하기 위해 가장 기본이 되는 필수요소, 특별 비법에 대해 알아보는 시간을 갖겠습니다."
갈무리 (5분)	① 시작의 촛불을 끄며 마무리한다. "다 함께 초를 끄면서 오늘 회기를 마무리하도록 합시다." ② 진행자와 학생들은 서로 안아 주며 한 회기를 마무리한다. • 자신의 이야기를 할 때는 이야기보따리를 이용하는 약속을 반드시 지키도록 한다.

너 Part 5회기 우정의 레시피

단계	소요시간	내용
들머리	5분	시작의 촛불을 켜고 프로그램을 진행함
들어가기	5분	지난 회기에 진행한 내용에 대해 간단히 정리하고 이번 회기 내용을 설명함
통통활동	20분	통통활동을 진행함
감정 알아보기	15분	감정단어카드를 통해 감정단어를 익히고 감정스피드퀴즈를 진행함
공감 이해하기	10분	공감의 의미와 중요성에 대해 설명함
너 Part 갈무리	25분	붉은 실 활동을 진행함
정리하기	5분	회기를 마무리하며 이번 시간을 통해 어떤 것을 경험했는지 소감을 나눈 후 다음 회기 안내함
갈무리	5분	시작의 촛불을 끄며 마무리함

활 동 지 도 안

목표	• 좋은 관계를 맺기 위해 필요한 의사소통 방식을 점검한다. • 다양한 감정이 있음을 이해하고 공감을 연습한다.	차시	1회기 (90분)
준비물	• 기본 준비물, 공 5개, 감정단어카드, 붉은 실 • 의식 음악		

단계	진행 절차
들머리 (5분)	① 시작의 촛불을 켜고 프로그램을 진행한다. "오늘 초를 붙일 학생은 나와서 초에 불을 붙여 주세요. 오늘 우리 활동이 어떠한 시간이 되었으면 좋겠는지 한마디 하면서 불을 붙여 봅시다."
들어가기 (5분)	① 지난 회기에 진행한 내용에 대해 간단히 정리하고 이번 회기에서 진행할 내용에 대해 설명한다. "지난 시간에 우리는 자신의 친구관계에 대해 점검하고, 나는 어떤 친구인지, 진정한 친구란 어떤 친구인지에 대해 생각해 보는 시간을 가졌어요. 한 주 동안 자신이 진정한 친구라고 생각하는 친구에게 마음을 전해 본 친구가 있나요?" "이번 시간에는 몇 가지 활동을 통해 의사소통 방식을 점검하고, 공감에 대해 배워 보는 시간을 가질 거예요."
통통활동 (20분)	① 통통활동을 한다. "청소년기는 중요한 사람이 가족에서 친구로 변하는 시기입니다. 부모님 말씀은 흘려들어도 친구의 말은 가슴에 새겨지잖아요. 이 시기에 어떤 친구를 만나고 어떤 관계를 맺느냐는 앞으로 여러분 인생에 많은 영향을 미칩니다. 우리는 모두 좋은 친구관계를 맺고 싶어 합니다. 그런데 참 마음대로 되지 않는 것이기도 하지요. 사람들과 관계를 맺고 긍정적으로 유지하는 데에는 '특별 비법'이 있습니다. 진정한 친구관계를 잘 유지하기 위한 비법은 어떤 것일까요?" "관계에서 중요한 것은 친구들과 서로 주고받는 말입니다. 그래서 내 생각을

어떻게 전달하고 친구들의 말을 어떻게 들어 주느냐가 친구들과 좋은 관계를 맺는 데 중요한 역할을 합니다. 이 공놀이는 의사소통의 기본입니다. 시작해 보겠습니다."

〈진행 방법〉

- 진행자를 포함하여 모두 서서 둥근 원을 만든다.
- 진행자가 공을 대각선에 있는 사람에게 던진다.
- 공을 받은 사람은 대각선에 있는, 이제껏 공을 받지 않은 사람에게 던진다.
- 공이 한 바퀴 돌고 나면(공이 모두의 손을 거쳐 진행자에게 돌아오면) 누구에게 공을 받았는지, 내가 준 사람은 누구인지 기억하도록 한다(기억이 나지 않는다고 하면 다시 한 번 공을 돌린다).
- 공이 돌아가는 순서를 학생들이 숙지한 후, 공을 시간차를 두고 다섯 개까지 돌려 본다(공을 떨어뜨리거나, 공이 다른 곳으로 굴러가면 실패).
- 왜 실패했는지, 어떻게 하면 성공할지 의논하는 시간을 갖는다.

"여기서의 공은 말과 같습니다. 공통점을 찾아봅시다. 말을 하려면 말을 하기 전에 내 말을 들을 사람이 들을 준비가 되어 있는지 봐야 합니다. 그리고 그 사람이 잘 들을 수 있도록 말을 잘해야 합니다. 여러 가지를 한꺼번에 얘기하면 잘 들을 수 없습니다. 그리고 얘기를 듣는 사람은 말하는 사람에게 집중해야 합니다. 그리고 내가 잘 듣고 있다는 걸 표현해야 합니다. 그래야 그 사람이 다음 말을 또 이어서 할 수 있기 때문입니다."

"어떻게 잘 듣고 있다는 걸 표현할 수 있을까요? 맞아요. 기본적으로 눈을 잘 맞춰야 하고, 고개를 끄덕이거나 맞장구 쳐 주는 반응을 해야 합니다. 그러면 공을 던지는 사람이 그랬듯이 말을 하는 사람이 계속 그 다음 말을 이어 가기 쉽겠죠?"

진행 Tip

- 상황에 따라 공의 개수를 조절할 수 있다.
- 활동 후 자리에 앉아 평상시 자신이 말하는 습관대로 공을 던져 보도록 한다.

	• 자신의 태도를 점검하고 관계에 미치는 영향에 대해 나눈다.
감정 알아보기 (15분)	**① 감정단어카드를 통해 감정단어를 익혀 보는 시간을 가진다.** "공감을 하는 데 감정을 알아차리는 것이 중요해요. 감정은 무엇일까요? 어려운 질문이지만 우리는 지금도 감정을 경험하고 있습니다. 오늘 아침에 일어나 학교에 와서 지금 이 시간이 되기까지 우리는 계속적으로 감정이 변했습니다. 하지만 내가 그때그때 무슨 감정을 느끼고 살아가는지 매 순간 알아채는 것은 익숙하지 않을 수 있습니다." "여기 다양한 감정단어카드들이 놓여 있습니다. 이 감정단어카드들 중에는 평소 내가 자주 느끼는 감정도 있을 것입니다. 놓여 있는 카드 중에 지난 1주간 지내면서 경험했던 감정 혹은 현재 느끼는 감정을 두 가지 뽑아 보도록 합시다." 〈진행 방법〉 • 책상 위에 감정단어카드들을 흩어 놓는다. • 지난 1주간 지내면서 경험했던 감정 혹은 현재 느끼는 감정에 해당하는 감정단어카드를 선택하도록 한다. • 어떠한 상황에서 그러한 감정이 느껴졌는지 표현해 보도록 한다. **② 감정스피드퀴즈 활동을 진행한다.** "지금부터 다양한 감정이 쓰여 있는 이 감정단어카드를 가지고 감정스피드퀴즈를 해 보도록 하겠습니다." 〈진행 방법〉 • 긍정적 · 부정적 감정단어카드를 골고루 섞어 나눠 준다. • 두 모둠으로 나눠 한 모둠씩 활동을 진행한다. • 감정단어카드가 놓여 있는 책상을 바라보고 일렬로 앉는다.

	• 한쪽 끝에 있는 사람부터 앞으로 나와 감정단어카드를 보고 이러한 감정이 느껴지는 상황을 설명하도록 한다. 이때 설명을 들은 학생들은 어떠한 감정인지 맞혀 보도록 한다. 맞힌 학생이 해당 감정단어카드를 얻게 된다. • 일정 시간 동안(예: 2분) 상황에 따른 감정을 가장 많이 맞힌 모둠이 이기게 된다. **진행 Tip** • 같은 상황에서 여러 가지 감정이 대답으로 나올 때, 진행자는 각자 다양한 감정을 경험하는 것에 초점을 맞춰 감정의 다양함에 대해 언급해 준다. • 전체가 함께 활동할 수 있다. 이럴 경우 모두 일렬로 앉아 한쪽 끝에 있는 사람부터 앞으로 나와 카드를 뽑고 설명한 후 맞힌 사람에게 카드를 준다. 일정 시간 동안 가장 많은 카드를 받은 사람이 감정 왕이 된다.
공감 이해하기 (10분)	**① 공감의 의미와 중요성에 대해 설명한다.** "공감이란 경청을 통해 상대방의 감정을 잘 이해하고, 그 사람 입장에서 이해한 것을 적절한 말이나 행동을 통해 표현하는 것을 의미합니다. 이때 내가 상대방의 마음을 함께 느끼고 있다는 것을 표현해 주는 것이 중요합니다. 이렇게 공감을 받게 되면, 자신이 상대방으로부터 이해받고 있다고 느끼게 되면서 서로 신뢰가 깊어지겠죠. 때로는 말보다 표정이나 행동이 공감을 표현하는 데 더 효과적일 수도 있습니다. 이번에는 실제로 공감 연습을 해 보도록 하겠습니다." **② 공감의자 활동을 진행한다.** 〈진행 방법〉 • 진행자가 자신의 사례를 이야기하고 그 상황에서 느꼈을 감정을 학생들에게 고르도록 한다. • 고른 감정단어를 이용하여 한 명씩 돌아가며 진행자를 공감한다.

	진행 Tip • 공감이나 위로를 받고 싶은 학생이 있다면 그 학생의 사례를 듣고 진행할 수 있다. • 이때 비난이나 조언이 아닌 감정단어를 이용한 공감이 될 수 있도록 돕는다. • 진행자의 시범 이후 학생들의 사례를 활용한다.
너 Part 갈무리 – 붉은 실 (25분)	① 너 Part의 갈무리 의식인 붉은 실 활동을 진행한다. “이제 친구와의 관계에 대해 알아본 ‘너’ 파트를 마무리하며, 앞으로 우리가 진정한 관계를 맺는 데에 도움이 되는 하나의 의식을 진행하겠습니다.” “여기 붉은 실타래가 있습니다. 이 실타래를 평상시에 고마웠던 친구 혹은 힘이 되었던 친구에게 그 마음을 표현하면서 전달할 거예요.” 〈진행 방법〉 • 진행자가 먼저 소극적인 친구에게 실타래를 전달하며 감사의 마음을 표현한다. • 모든 학생이 돌아가면서 감사한 마음을 표현하도록 한다. • 진행자에게 실타래가 돌아오면, 모두 손을 들어 연결되어 있음을 시각적으로 확인한다. • 자신도 모르는 사이 서로에게 힘이 되고 있었음을 알게 한다. • 실타래가 온 순서대로 다시 돌아가면서 감사의 마음을 표현한다. **진행 Tip** • 예상하지 못했던 피드백을 들은 경우, 기분이 어떠했는지 질문한다. • 친구에게 감사의 마음을 처음 표현해 본 친구가 있다면 어떠했는지 질문한다. • 평소 관계에서 감사한 마음을 잘 표현할 수 있다면 관계에 도움이 될 수 있음을 강조하고 과제로 내 줄 수도 있다. • 리더가 처음에 소극적인 친구에게 공을 던짐으로써 소극적인 친구의 자발적인 참여를 촉진할 수 있다.

	• 비난이나 조언이 아니라 그동안 느꼈던 고마움과 미안함을 표현하도록 한다.
정리하기 (5분)	**① 회기를 마무리한다.** “오늘 우리는 몇 가지 활동을 하면서 진정한 친구의 의미에 대해서 생각해 보았습니다. 그리고 관계를 잘 유지하기 위한 비법으로 의사소통 방식을 점검하고 여러 감정을 이해하며 공감을 연습했습니다. 오늘 어떤 것들을 느꼈나요?” • 이번 시간을 통해 어떠한 것을 경험했는지 소감을 나누는 시간을 갖는다. **② 다음 회기에 대해 안내한다.** “다음 시간에는 성에 대해 알아보는 시간을 가질 것입니다.”
갈무리 (5분)	**① 시작의 촛불을 끄며 마무리한다.** “다 함께 초를 끄면서 오늘 회기를 마무리하도록 합시다.” **② 진행자와 학생들은 서로 안아 주며 한 회기를 마무리한다.** • 자신의 이야기를 할 때는 이야기보따리를 이용하는 약속을 반드시 지키도록 한다.

III 성

회기	소요시간	단원명	주제 및 목표	세부활동
6	90분	들머리 의식 - 알性달聖		
		알性달聖	• 성에 대한 자신의 태도 점검하기 • 올바른 성 지식 갖기	• 솔 · 까 • 임신, 출산, 낙태 동영상 시청
7	90분	너랑 나랑은	• 나만의 스킨십 가이드라인 정하기 • '사랑과 성'에 대한 미래계획 세우기	• 스킨십 가이드라인 • 사랑과 성 지도
		갈무리 의식 - 성수식(聖手式)		

성 Part 6회기 알性달聖

단계	소요시간	내용
들머리	5분	시작의 촛불을 켜고 프로그램을 진행함
들어가기	5분	지난 회기에 진행한 내용에 대해 간단히 정리하고 이번 회기 내용을 설명함
성 Part 들머리	20분	들머리 의식인 알性달聖을 진행함
솔 · 까	50분	솔 · 까 시간을 가짐
정리하기	5분	회기를 마무리하는 소감을 나누는 시간을 가짐
갈무리	5분	프로그램의 갈무리에 대해 설명 후 회기 마무리를 진행함

활 동 지 도 안

목표	• 의식을 통해 성에 대한 자신의 태도를 점검한다. • 성에 관한 솔 · 까('솔직히 까놓고'의 줄임말)를 통해 올바른 성 지식을 알아 가도록 한다.	차시	1회기 (90분)
준비물	• 기본 준비물, 알性달聖 카드, 포스트잇, A4용지 • 의식 음악, 낙태 동영상, 임신 및 출산 동영상, 남녀 스킨십 차이 동영상		
단계	진행 절차		
들머리 (5분)	① 시작의 촛불을 켜고 프로그램을 진행한다. "오늘 초를 붙일 학생은 나와서 초에 불을 붙여 주세요. 오늘 우리 활동이 어떠한 시간이 되었으면 좋겠는지 한마디 하면서 불을 붙여 봅시다."		
들어가기 (5분)	① 지난 회기에 진행한 내용에 대해 간단히 정리하고 이번 회기에서 진행할 내용에 대해 설명한다. "지난 시간에 우리는 자신의 친구관계에 대해 점검하고, 어떻게 하면 친구와 잘 지낼 수 있는지 활동을 통해 생각해 보는 시간을 가졌어요. 오늘부터 우리는 2주에 걸쳐 '성(性)'과 관련된 주제를 다룰 것입니다."		
성 Part 들머리 – 알性달聖 (20분)	① 성 Part의 들머리 의식인 알性달聖 활동을 진행한다. "건강하고 준비된 성(性)을 위해 한 가지 의식을 진행하게 될 것입니다. 여러분 앞에는 성과 관련된 질문이 담긴 카드가 여러 장 있습니다. 각자 원하는 카드를 뽑고 카드에 적힌 질문에 대한 답을 생각해 보도록 합시다." 〈진행 방법〉 • 알性달聖 카드를 섞어 질문이 적힌 부분이 바닥을 향하게 하여 펼쳐 놓는다. • 원하는 카드를 한 장씩 가져가게 한다. • 자리에 앉아 카드 뒷면에 있는 질문에 대해 '매우 그렇다'부터 '매우 아니다'까지 선택하게 하고 그 이유를 생각하도록 한다.		

	• 한 명씩 돌아가며 자신이 뽑은 카드에 대한 대답과 이유를 이야기하고 카드를 칠판에 번호 순서대로 붙이게 한다. • 맞춰진 퍼즐이 남성과 여성의 기호임을 알려 주고, 앞으로 우리가 알아 갈 성에 대해 설명해 준다. **진행 Tip** • 질문에 대한 대답을 할 때 구체적으로 생각할 수 있도록 추가 질문을 한다. • 의식 음악을 틀어 놓고 진지하게 성에 대해 생각할 수 있도록 한다. • 활동 후 행위로서의 성뿐만 아니라 남자와 여자가 만나 이루어지는 건강한 관계로서의 성에 대해 생각해 볼 것임을 설명해 준다.
솔 · 까 (50분)	① 솔 · 까 시간을 가진다. "여러분은 '성'이라고 하면 어떤 것이 떠오르나요? 자유롭게 이야기해 보도록 합시다." "지금부터 '성'과 관련하여 내가 평소에 궁금했거나 알고 싶었던 것에 대해서 자유롭게 질문하는 '솔 · 까' 시간을 가질 겁니다. '성'이라고 하면 떠오르는 것과 질문하고 싶은 것을 자유롭게 써 보도록 합시다." 〈진행 방법〉 • 둥글게 앉아 순서대로 '성' 하면 떠오르는 것에 대해 자유롭게 이야기한다. • 학생들에게 포스트잇을 세 장씩 나눠 준다. • 성과 관련된 궁금한 질문을 한 장에 한 개씩 작성하도록 한다. • 무기명으로 작성하도록 한다. • 각자 질문을 작성할 수 있도록 학생들에게 시간의 여유를 준다. • 다 작성한 질문을 칠판에 붙인다. "여러분, 질문을 다 작성했나요? 그럼 이제 우리 반에서 어떤 질문들이 나왔는지 함께 열어 보는 시간을 가지겠습니다. 공통되는 질문들은 분류해 보면서 어

떤 질문들이 나왔나 함께 봅시다."

② 질문에 답을 함께 찾는 시간을 가진다.

"우리 반에 나온 질문들은 다음과 같네요. 이제 이것들에 대해 답을 하는 시간을 가지도록 합시다."

〈진행 방법〉

- 학생들과 분류된 질문들을 바탕으로 어떤 질문들이 나왔는지 살펴본다.
- 두 개의 모둠으로 나눠 대표가 나와 학생들이 작성한 질문들 중 비슷한 질문들끼리 분류해 보는 시간을 가진다.
- 분류된 질문들에 이름을 붙인다.
  예) 야동, 스킨십, 임신 등
- 진행자는 각각의 질문 그룹을 골고루 분배하여 학생들에게 다시 나눠 준다.
- 학생들이 서로 토의하여 진행자로부터 다시 돌려받은 질문에 대한 답을 찾도록 한다.
- 학생들이 자신이 알고 있는 것에 대해 충분히 논의를 한 뒤 내린 결론에 정정해야 할 부분이나 좀 더 설명이 필요한 부분이 있다면 진행자가 추가로 설명을 하여 마무리를 한다.

진행 Tip

- 학생들이 질문에 대해 함께 대답하는 시간을 충분히 가지도록 한다. 이때 학생들의 대답에 잘못된 부분 혹은 성과 관련하여 왜곡된 부분이 있을 때 진행자가 방향을 설정해 주며 마무리를 하는 것이 중요하다.
- 필요에 따라 낙태 동영상, 임신 및 출산 동영상, 남녀 스킨십 차이 동영상 등을 활용한다.

정리하기 (5분)

① 회기를 마무리한다.

"이번 시간에는 성과 관련하여 솔·까 시간을 가졌습니다. 짧지만 우리 반 친

	구들이 생각하는 '성'과 관련된 이야기를 들을 수 있었고, 질문들에 대해서도 여러 의견을 나눌 수 있는 시간이었습니다." • 이번 시간을 통해 어떠한 것을 경험했는지 소감을 나누는 시간을 갖는다. **② 다음 회기에 대해 안내한다.** "다음 시간에는 '나'의 성과 관련된 행동을 계획해 보는 시간을 가지도록 하겠습니다."
갈무리 (5분)	**① 시작의 촛불을 끄며 마무리한다.** "다 함께 초를 끄면서 오늘 회기를 마무리하도록 합시다." **② 진행자와 학생들은 서로 안아 주며 한 회기를 마무리한다.** • 학생들의 질문에 따라 진행자가 답을 해 주거나 방향성을 제시하기 위해서는 사전에 충분히 준비를 해야 한다. 그와 관련하여 다음의 사이트를 참고할 수 있다. (구성애 푸른아우성: www.aoosung.com, 아하: www.ahacenter.kr) • 자신의 이야기를 할 때에는 이야기보따리를 이용하는 약속을 반드시 지키도록 한다.

성 Part 7회기 너랑 나랑은

단계	소요시간	내용
들머리	5분	시작의 촛불을 켜고 프로그램을 진행함
들어가기	5분	지난 회기에 진행한 내용에 대해 간단히 정리하고 이번 회기 내용을 설명함
스킨십 가이드라인 정하기	20분	이성교제에 대한 나의 생각을 알아보고 스킨십 가이드라인을 정함
사랑과 성 지도 그리기	25분	나의 사랑과 성 지도를 그리고, 이를 바탕으로 자기 서약서를 작성함
성 Part 갈무리	25분	갈무리 의식인 성수식을 진행함
정리하기	5분	회기를 마무리하는 소감을 나누는 시간을 가짐
갈무리	5분	프로그램의 갈무리에 대해 설명 후 회기 마무리를 진행함

활 동 지 도 안

목표	• 즐겁고 건강한 이성교제를 위해 나만의 스킨십 가이드라인을 갖는다. • '사랑과 성'에 대한 나의 미래 계획을 세워 본다.	차시	1회기 (90분)
준비물	• 기본 준비물, 8절 도화지, 스킨십 가이드라인 카드, 성수식 물병, 보조 물병, 아로마, 수건, 믹싱볼 • 의식 음악, 활동지-이성친구가 있으면(부록 성-1), 스킨십 가이드라인(부록 성-2), 자기 서약서(부록 성-3), PPT-사랑과 성 지도		
단계	진행 절차		
들머리 (5분)	① 시작의 촛불을 켜고 프로그램을 진행한다. "오늘 초를 붙일 학생은 나와서 초에 불을 붙여 주세요. 오늘 우리 활동이 어떠한 시간이 되었으면 좋겠는지 한마디 하면서 불을 붙여 봅시다."		
들어가기 (5분)	① 지난 회기에 진행한 내용에 대해 간단히 정리하고 이번 회기에서 진행할 내용에 대해 설명한다. "지난 시간에 내가 궁금해하는 성 지식을 알아보는 시간을 가졌습니다. 이번 시간에는 이성교제와 관련된 이야기를 나누게 될 것입니다."		
스킨십 가이드라인 정하기 (20분)	① 이성교제에 대한 나의 생각을 알아본다. (부록 성-1) "여러분 나이에 신체적 변화가 급격히 나타나게 되고 이성과의 관계에 초점을 맞추게 되는 것은 굉장히 자연스러운 일입니다. 이성교제를 통해 나와 다른 상대방의 성을 이해하고 존중하는 법을 배우고, 사랑의 본질과 기쁨을 알게 되는 것입니다." "여러분이 이성교제를 한다면 얻는 것과 잃는 것에는 어떤 것이 있을까요?" "이성교제에 지나치게 신경을 쓰게 되면 외모에만 관심을 두거나, 학업을 소홀히 할 수도 있고, 남자와 여자의 차이에 대해 제대로 이해하지 못할 때 데이트		

	폭력이 발생할 수도 있어요. 이를 예방하기 위해서는 평상시에 자신의 스킨십 가이드라인을 정확하게 가지고 있어야 합니다." **② 나의 스킨십 가이드라인을 정한다. (부록 성-2)** "그러기 위해서는 평상시에 자신의 스킨십 가이드라인을 정확하게 가지고 있어야 합니다." 〈진행 방법〉 • 한두 명 정도 칠판으로 나와 시범으로 여러 가지 스킨십 가이드라인 카드를 '지금 당장 할 수 있어' '이건 나중에' '이건 정말 싫어'에 분류하게 한다. • 다른 학생에게는 시범을 보이는 학생처럼 활동지에 자신의 스킨십 가이드라인을 정하도록 한다. • 자신이 스킨십 가이드라인을 정할 수 있는 주체임을 인식하도록 돕는다. • 활동을 마치고 나면 친구들과 공유하는 시간을 갖는다. **진행 Tip** • 자신이 정한 가이드라인을 발표할 때 서로 피드백을 주고받을 수 있도록 촉진한다. • 학생들이 쉽게 떠올리지 못할 경우, 예시를 제시할 수 있다. -난 10대에는 절대 성관계를 하지 않겠다. -NO!라고 말할 줄 아는 사람 -NO!를 받아들일 수 있는 사람 • 성의 주체가 자신임을 인식하도록 돕는다.
사랑과 성 지도 그리기 (25분)	**① 나의 사랑과 성 지도를 그리도록 한다. (PPT-사랑과 성 지도)** "지금부터 나만의 사랑과 성 지도를 그려 볼 거예요. 각자 자신의 사랑과 연애, 성생활에 대한 계획을 세워 보고 나눠 준 도화지에 그려 보도록 하세요."

	〈진행 방법〉 • 진행자의 성 지도를 보여 주며 설명한다. • 도화지를 나눠 주고 각자 충분히 생각할 수 있는 시간을 준다. • 사랑과 성 지도에 들어갈 내용은 다음과 같다. 이성교제 / 성 경험 / 결혼 / 출산 / 출산 이후의 사랑 ② 사랑과 성 지도를 바탕으로 자기 서약서를 작성한다. (부록 성-3) • 활동을 마치고 나면 일어서서 자기 서약서를 큰 소리로 읽는다. **진행 Tip** • 진행자의 경험을 미리 준비하여 아이들에게 알려 주고 함께 공유하는 것이 학생들의 참여 동기를 이끌어 낼 수 있다.
성 Part 갈무리 – 성수식 (25분)	① 바디스캔 활동을 진행한다. "우리는 2주 동안 성에 대한 솔직한 이야기를 공유하고, 성과 관련된 행동을 계획해 봤습니다." "성은 우리의 몸으로부터 시작되며, 흔히 섹스만을 이야기하는 것이 아니라 사실은 우리가 아기 때부터 항상 나로서 커 온, 나 자체였던 나의 몸에 대한 가장 적나라한 이야기입니다." "우리는 '다른 사람이 나를 어떻게 볼까?' '이쁜가, 멋진가?' '날씬한가, 뚱뚱한가?' '남들이 보기에 괜찮은가'에 너무 많은 관심을 갖고 살아왔습니다. 하지만, 정작 나의 몸이 어떠한지 관심을 가지고 나의 일부로서 계속 수고하고 있는 내 몸의 부분 부분을 돌보고 사랑해 주지는 못했을 겁니다. 아기 때부터 자라 온 나의 몸, 지금 한참 변화를 겪고 있는 나의 몸에 대해 관심을 가지고 돌봐 주는 시간이 너무나 필요합니다." "이제 '성' 파트를 마무리하면서 내 몸을 돌보고 위로하는 시간을 가지도록 하

겠습니다."

〈진행 방법〉

- 불을 끈 상태에서 조용한 음악을 틀고 학생들에게 편안한 장소에 가서 앉도록 한다.
- 눈을 감은 상태에서 진행자의 말에 따라 머리부터 시작하여 발끝까지 각 부분에 손을 얹고 고마움과 미안함을 전달하는 시간을 갖는다.
- 마무리로 자신의 신체 부위 중 가장 위로해 주고 싶은 부위에 손을 얹고 해 주고 싶은 말을 마음속으로 하도록 한다.

진행 Tip

- 학생들이 눈을 감고 자지 않도록 주의를 집중시키는 것이 중요하다.

② 성 Part의 갈무리 의식인 성수식(聖手式) 활동을 진행한다.

"과거에는 간절히 바라는 것이 있을 때 물을 떠다 놓고 그곳에 소원을 빌었습니다. 이를 정화수라고 하는데, 그만큼 물은 성스러운 존재로 여겨졌습니다. 이제 정화수처럼 깨끗하고 성스러운 물로 여러분의 손을 닦아 줄 것입니다. 선생님은 지금까지 여러분이 성과 관련하여 어떤 경험을 했는지, 어떤 태도를 가지고 있는지 자세히 알지 못합니다. 만약 성과 관련하여 부정적인 경험이나 태도가 있었다면 이 정화수로 깨끗이 씻어 내고 이 순간부터 소중한 나의 몸으로 아름답고 건강한 성을 만들어 나갔으면 좋겠습니다."

〈진행 방법〉

- 따뜻한 물을 준비한다.
- 학생들을 한 줄로 서게 하고 한 명씩 나와 물로 손을 정성스럽게 씻어 준다.
- 보조 진행자는 학생들의 손을 수건으로 정성스럽게 닦아 주며 '당신의 몸은 소중합니다.'라고 말해 준다.
- 손을 닦은 학생은 옆에 서서 다음 학생이 오면 손을 잡아 주며 '당신의 몸은 소중합니다.'라고 말해 준다.

	진행 Tip • 학생들이 좀 더 진중한 마음으로 참여할 수 있도록 진행자가 분위기를 잡아 주는 것이 중요하다(의식 음악 활용).
정리하기 (5분)	**① 회기를 마무리한다.** "나의 성과 상대방의 성에 대해 이해하는 시간을 가졌습니다. 스킨십에 대해서 생각해 보고, 나는 어떠한 이성교제를 하고 싶은지 생각해 보는 시간을 가졌습니다." • 이번 시간을 통해 어떠한 것을 경험했는지 소감을 나누는 시간을 갖는다. **② 다음 회기에 대해 안내한다.** "다음 시간에는 나의 꿈을 탐색해 보는 시간을 가지도록 하겠습니다."
갈무리 (5분)	**① 시작의 촛불을 끄며 마무리한다.** "다 함께 나와서 초를 끄면서 오늘 회기를 마무리하도록 합시다." **② 진행자와 학생들은 서로 안아 주며 한 회기를 마무리한다.** • 자신의 이야기를 할 때는 이야기보따리를 이용하는 약속을 반드시 지키도록 한다.

Ⅳ 꿈

회기	소요시간	단원명	주제 및 목표	세부활동
8	90분	들머리 의식 - 꿈노트		
		가치 보물찾기	• 가치의 중요성에 대해 생각해 보기 • 자신의 가치관을 탐색하고 알기	• 가치관 경매
9	90분	나의 꿈을 향하여	• 나의 꿈에 대해서 생각해 보기 • 꿈을 이루기 위해 필요한 과정 계획하기	• 꿈목록 만들기 • 4컷 만화
10	90분	장애물을 넘어라	• 장애물 극복 체험해 보기 • 꿈을 이루기 위해서 지지와 도움이 필요하다는 것 깨닫기	• 장애물 목록 써 보기 • 자기 선언문 작성
		갈무리 의식 - 장애물을 넘어라		

꿈 Part 8회기 가치 보물찾기

단계	소요시간	내용
들머리	5분	시작의 촛불을 켜고 프로그램을 진행함
들어가기	5분	지난 회기에 진행한 내용에 대해 간단히 정리하고 이번 회기 내용을 설명함
꿈 Part 들머리	20분	꿈노트 만들기를 진행함 꿈풍선 잡기를 진행함 꿈화분 만들기를 진행함 *** 세 가지 활동 중 택1**
가치관 경매	50분	가치에 대해 생각해 보고 가치관 경매 활동을 진행함
정리하기	5분	회기를 마무리하는 소감을 나누는 시간을 가짐
갈무리	5분	프로그램의 갈무리에 대해 설명 후 회기 마무리를 진행함

활동지도안

목표	• 가치의 중요성에 대해서 생각해 본다. • 가치관 경매 활동을 통해 자신의 가치관을 탐색하고 인식한다.	차시	1회기 (90분)
준비물	• 기본 준비물, 가상화폐, 인생가치카드, 꿈노트 만들기 준비물(8절지 1/2, 끈, 집게), 꿈풍선 잡기 준비물(풍선), 꿈화분 만들기 준비물(화분) • 의식 음악, 활동지–인생가치목록(부록 꿈–1)		

단계	진행 절차
들머리 (5분)	① 시작의 촛불을 켜고 프로그램을 진행한다. “오늘 초를 붙일 학생은 나와서 초에 불을 붙여 주세요. 오늘 우리 활동이 어떠한 시간이 되었으면 좋겠는지 한마디 하면서 불을 붙여 봅시다.”
들어가기 (5분)	① 지난 회기에 진행한 내용에 대해 간단히 정리하고 이번 회기에서 진행할 내용에 대해 설명한다. “오늘부터 우리는 〈십오통활〉 프로그램의 마지막 파트를 시작하려고 합니다. 첫 번째 ‘나’ 파트에서는 ‘나’에 대해 집중적으로 생각해 보았고, 두 번째 ‘너’ 파트에서는 ‘관계’를 살펴보았습니다. 세 번째는 ‘성’에 대해 알아보았죠. 오늘부터 3주 동안은 ‘나의 미래, 나의 꿈’을 계획하고 생각해 보는 시간을 진행할 것입니다.”
꿈 Part 들머리 – 꿈노트 만들기 (20분)	*** ‘꿈노트 만들기’ ‘꿈풍선 잡기’ ‘꿈화분 만들기’ 세 가지 활동 중 택1** ① 꿈 Part의 들머리인 꿈노트 만들기 활동을 진행한다. “여러분의 꿈은 어떤 것인가요?” “꿈을 구체적으로 계획하고 있는 학생도 있고 아직 꿈이 없는 친구도 있네요. 어떤 친구는 특정한 직업을 꿈이라고 이야기하기도 했고, 또 어떤 친구는 직

업은 아니지만 내가 되어 있고 싶은 모습을 이야기하기도 했습니다. 십오통활 '꿈' Part에서 다루고자 하는 꿈은 10년 뒤, 20년 뒤, 30년 뒤 내가 되어 있고 싶은 모습과 관련이 있습니다. 그것이 특정한 직업을 가진 나일 수도 있고, 직업이 아니더라도 무언가를 하고 있는 나일 수도 있습니다."

"지금 이 시간에는 앞으로 3주 동안 나의 꿈을 찾고 계획하는 과정을 기록할 꿈노트를 만들겠습니다."

〈진행 방법〉

- 학생들에게 꿈노트를 만들 종이를 나눠 준다.
- 4등분으로 접어 노트 모양으로 만들도록 한다.
- 노트의 맨 앞부분에는 위에 '○○○의 꿈노트'라고 적고 중간에 작은 씨앗을 그리게 한다.
- 노트의 맨 뒷부분에는 건강하게 자란 튼튼한 나무를 그리게 한다.
- 다 그린 후 모여 앉아 한 명씩 칠판에 붙인 끈에 자신의 꿈노트를 집게로 매단다.
- 노트에 그린 씨앗과 나무의 의미를 설명해 준다.
  예) 여러분 대부분의 꿈은 나무로 비유하자면 아직 씨앗 단계일 것입니다. 맨 뒷장에 그린 나무처럼 나의 꿈이 무럭무럭 자라도록 돕는 활동들을 앞으로 진행하게 될 것입니다.

진행 Tip

- 의식 음악을 틀어 놓고 꿈을 이룬 자신의 모습을 상상하며 진지하게 꿈노트를 만들도록 한다.
- '꿈' 파트의 각 활동을 마친 후 집게에 걸어 놓은 꿈노트를 떼어 빈칸에 기록하도록 한다.
- 경우에 따라 꿈노트 외에 꿈풍선 잡기, 꿈화분 만들기 중 하나를 선택하여 진행할 수 있다.

꿈 Part 들머리 – 꿈풍선 잡기 (20분)	**① 꿈풍선 잡기 활동을 진행한다.** "여러분의 키보다 조금 높지만, 꿈을 향한 힘찬 도전의 마음을 담아 있는 힘껏 점프하여 나의 꿈풍선을 잡는 활동을 하도록 하겠습니다." 〈진행 방법〉 • 자신의 꿈에 대해 생각할 시간을 준다. • 나눠 준 풍선에 자신의 꿈을 그리도록 한다. • 꿈풍선을 교실 천장에 붙이도록 한다. • 한 명씩 나와 위에 붙여 놓은 자신의 꿈풍선을 점프하여 잡도록 하고, 나머지 학생들은 함께 격려하고 응원을 하도록 한다. • 꿈풍선을 잡을 때 도구를 사용할 수 없고, 대신 친구의 도움을 받아 꿈풍선을 잡을 수 있음을 알려 준다. 친구의 도움을 받더라도 친구가 대신 떼어 주는 것이 아니라 본인이 직접 꿈풍선을 잡도록 한다. • 나머지 학생들도 동일한 방식으로 꿈풍선을 잡고, 모두 마치면 함께 자신의 꿈을 찾기 위한 여정을 시작하겠다는 다짐을 하며 마무리한다. **진행 Tip** • 꿈풍선을 만들 때 직업, 원하는 모습 등 자유롭게 그릴 수 있도록 돕는다. • 여러 개의 꿈을 그리려는 학생에게는 다음 회기에 꿈을 여러 개 적는 시간이 있음을 알려 주고 정말 원하는 꿈 한 개만을 그리도록 한다.
꿈 Part 들머리 – 꿈화분 만들기 (20분)	**① 꿈화분 만들기 활동을 진행한다.** "꽃으로 비유하면 씨앗 단계에 해당하는 나의 꿈을 우리만의 화분에 심는 활동을 하겠습니다." 〈진행 방법〉 • 자신의 꿈에 대해 생각할 시간을 준다. • 나눠 준 종이에 자신의 꿈을 쓰도록 한다.

- 종이를 옆으로 말고 끈을 이용하여 리본으로 묶도록 한다.
- 자리에 앉아 한 명씩 화분에 자신의 꿈을 꽂도록 한다.

진행 Tip

- 종이에 자신의 꿈을 작성할 때 그림 또는 글로 표현할 수 있음을 알려 준다.
- 여러 개의 꿈을 쓰려는 학생에게는 다음 회기에 꿈을 여러 개 적는 시간이 있음을 알려 주고 정말 원하는 꿈 한 개만을 쓰도록 한다.
- 꿈화분 만들기를 마치고 앞으로 진행될 활동들은 우리만의 화분에 물과 거름을 주는 활동임을 알려 준다.

가치관 경매 (50분)

① 가치에 대해 생각해 본다.

"사람은 살아가는 과정 속에서 끊임없는 선택의 기로에 놓이게 됩니다. 무엇을 먹을 것인가 결정하는 것도 쉽지 않을 때가 있지요. 누구에게는 쉽지만, 어떤 사람에게는 어려운 결정들도 많습니다. 혹시 여러분에게 결정하기 어려운 순간은 언제였나요?"

진행 Tip

- 진행자의 경험을 미리 준비하여 학생들에게 알려 주고, 함께 공유하는 것이 학생들의 참여 동기를 이끌어 낼 수 있다.
- 쉽지 않은 선택의 순간이 어떤 것이 있는지 학생들의 의견을 자유롭게 이야기하도록 한다.
- 이런 상황에서 선택의 기준이 되는 것이 무엇인지에 대해 학생들에게 질문을 한다.

"사람들이 그러한 선택의 상황에서 기준을 삼는 것이 바로 가치입니다. 모든 사람은 자신만의 가치를 가지고 있습니다."

"우리는 자신이 어떤 가치를 중시하는 사람인지 알고 있어야 합니다. 그래야 삶의 중요한 선택의 순간에서 최선의 결정을 할 수 있고, 자기 삶의 온전한 주인공이 될 수 있습니다. 오늘은 나 자신이 정말 중요하게 생각하고 평생을 살아가며 간직하고 키워 가고 싶은 가치가 무엇인지 찾아보는 귀중한 시간이 될 것입니다."

② 가치관 경매 활동을 진행한다. (부록 꿈-1)

"오늘 우리는 경매라는 활동을 통해서 내가 어떠한 가치를 가지고 있는지 확인하는 시간을 갖도록 하겠습니다. 경매에 대해서 잘 알고 있나요? 한 물건에 대해 가장 높은 가격을 제시하는 사람에게 낙찰되는 판매방식이 경매입니다."

"오늘 우리가 할 경매는 인생가치 경매입니다. 경매 규칙은 100만 원부터 시작하여 최대 500만 원까지 금액을 부를 수 있습니다. 제시되는 가치에 대해서 10만 원 단위로 구입할 가격을 먼저 제시하고 최종 가격을 진행자가 세 번 외치면 낙찰 받게 됩니다. 낙찰을 받은 학생은 구입 의사를 취소할 수 없습니다. 1인당 구입할 수 있는 가치의 수에는 제한이 없지만 자신이 정말 필요로 하는 것, 소중하게 여기는 가치를 구입할 수 있도록 자신의 금액을 계획적으로 사용하는 것이 중요합니다."

〈진행 방법〉

- 학생들에게 1인당 1,000만 원씩의 가상 화폐를 나눠 준다.
- 인생가치목록 활동지(부록 꿈-1)를 나눠 주고 먼저 자신의 경매 계획을 세우도록 한다.
- 인생가치 단어 카드를 칠판에 붙여 놓고 하나씩 경매를 진행한다.
- 모든 인생가치목록에 대한 경매가 종료된 후 원하는 경우 한 개의 가치에 한하여 매직숍을 활용할 기회를 준다.

진행 Tip

- 규칙은 활동 시작 전에 명확하게 전달하여야 한다.
- 매직숍은 가치관 경매 활동 종료 후 원했던 가치를 구입하지 못했거나 구입한 가치를 다른 가치와 바꾸고 싶은 학생이 이용할 수 있다. 매직숍은 총

> 2단계로, 1단계는 그 가치가 자신에게 어떤 의미인지 친구들에게 설명하는 단계이고, 2단계는 자신이 구입한 가치 중 가장 높은 금액을 주고 구입한 가치와 원하는 가치를 교환하는 단계이다.

③ 자신이 선택한 가치에 대해 생각해 보는 시간을 갖도록 한다.

"가치관 경매를 통해서 자신 인생에 있어서 중요하다고 생각되는 가치를 구입하였습니다. 이제 자신이 구입한 가치에 대해서 그 가치를 구입한 이유, 그리고 그 가치를 지키며 살기 위해 실천할 것을 함께 생각해 보도록 합시다."

- 학생 자신이 구입한 가치, 그 가치를 선택한 이유 그리고 그 가치를 따르며 살기 위해 자신이 실천할 것을 생각해 보도록 한다.
- 각자 생각한 것을 발표하여 나누도록 한다.
- 꿈노트를 만든 경우, 자신의 꿈노트에 가치 보물찾기를 통해 알게 된 중요한 가치 세 가지를 적도록 한다.

정리하기 (5분)

① 회기를 마무리한다.

"인생에 있어서 내가 중요하다고 느끼는 가치에 대해 알아보고, 각자의 가치를 지키기 위해 어떻게 살아갈지에 대해서 생각해 보는 시간을 가졌습니다."

- 이번 시간을 통해 어떠한 것을 경험했는지 소감을 나누는 시간을 갖는다.

② 다음 회기에 대해 안내한다.

"다음 시간에는 자신이 하거나 되고 싶은 것들을 제약 없이 적어 보는 활동을 하고, 더 나아가 자신의 미래 모습을 청사진으로 그려 보는 시간을 갖도록 하겠습니다."

갈무리 (5분)

① 시작의 촛불을 끄며 마무리한다.

"다 함께 나와서 초를 끄면서 오늘 회기를 마무리하도록 합시다."

② 진행자와 학생들은 서로 안아 주며 한 회기를 마무리한다.

- 남학생의 경우 경매가 경쟁적으로 진행되면서 과열될 수 있으므로 가치관 경매 본연의 의미가 훼손되지 않도록 한다.
- 가치관 경매 활동은 시간 배정을 계획적으로 하는 것이 중요하다. 시간이 부족한 경우 인원에 따라 가치의 개수를 조정할 수 있다.
- 가상 화폐 준비 시, 실제 화폐를 복사해서 사용하지 않도록 한다.
- 자신의 이야기를 할 때에는 이야기보따리를 이용하는 약속을 반드시 지키도록 한다.

꿈 Part 9회기 나의 꿈을 향하여

단계	소요시간	내용
들머리	5분	시작의 촛불을 켜고 프로그램을 진행함
들어가기	5분	지난 회기에 진행한 내용에 대해 간단히 정리하고 이번 회기 내용을 설명함
꿈목록 만들기	35분	꿈목록 만들기 활동을 진행함
4컷 만화 그리기	35분	4컷 만화 그리기 활동을 진행함
정리하기	5분	회기를 마무리하는 소감을 나누는 시간을 가짐
갈무리	5분	프로그램의 갈무리에 대해 설명 후 회기 마무리를 진행함

활 동 지 도 안

목표	• 나의 미래에 되고 싶은 모습, 이루고 싶은 꿈에 대해서 생각해 본다. • 나의 꿈을 이루기 위한 구체적인 과정을 계획해 본다.	차시	1회기 (90분)
준비물	• 기본 준비물, 색상지, 포스트잇, 8절지 • 꿈목록 동영상		
단계	진행 절차		
들머리 (5분)	① 시작의 촛불을 켜고 프로그램을 진행한다. "오늘 초를 붙일 학생은 나와서 초에 불을 붙여 주세요. 오늘 우리 활동이 어떠한 시간이 되었으면 좋겠는지 한마디 하면서 불을 붙여 봅시다."		
들어가기 (5분)	① 지난 회기에 진행한 내용에 대해 간단히 정리하고 이번 회기에서 진행할 내용에 대해 설명한다. "지난 시간에는 우리가 인생에 있어서 중요하게 여기는 가치에 대해 가치관 경매라는 활동을 통해서 알아봤습니다. 내가 무엇을 중요하게 생각하는 사람인지 좀 더 나 자신에 대해서 알게 된 부분은 무엇이었나요?" "이번 시간에는 우리의 꿈을 이루기 위한 노력으로 두 가지 활동을 할 예정입니다. 한 가지는 자신의 꿈목록을 작성하는 것, 그리고 다른 한 가지는 미래의 자신의 모습을 그려 보는 작업입니다."		
꿈목록 만들기 (35분)	① 꿈목록 동영상을 시청한다. ② 꿈목록 만들기 활동을 진행한다. "우리가 평소에 생각해 오던 자신의 꿈, 하고 싶었던 일들, 혹은 미래에 갖고 싶은 직업을 모두 모아서 꿈목록을 만들어 보는 활동을 하겠습니다. 목록에 작성할 꿈의 개수에는 제한이 없습니다. 시간과 돈의 제약에서 벗어나 하고 싶은		

	것, 되고 싶은 것은 모두 꿈목록에 넣어 보도록 하겠습니다. 단, 명백한 범죄와 관련된 것, 자신 또는 타인을 해치는 행위는 제외됩니다." 〈진행 방법〉 • 색상지를 나눠 주고 번호를 매겨 가며 자신의 꿈목록을 작성하게 한다. • 꿈목록 작성이 마무리되면 학생들에게 포스트잇을 한 장씩 나눠 준다. • 완성된 꿈목록을 벽면에 붙인다. • 약 5분 동안 자유롭게 돌아다니며 친구들의 꿈목록 중 자신의 꿈목록에 추가하고 싶은 꿈을 포스트잇에 옮겨 적는 꿈관광을 실시한다. • 다 적은 학생은 포스트잇을 자신의 꿈목록에 추가하도록 한다. • 들머리 의식으로 꿈노트 만들기를 한 경우 꿈목록 세 가지를 골라 꿈노트에 적는다. **진행 Tip** • 집중할 수 있는 음악을 틀어 놓고 충분히 자신이 하고 싶은 것들을 생각하게 한다. • 꿈관광을 할 때에는 밝은 음악을 틀어 자유로운 분위기를 만든다. • 꿈목록을 벽면에 붙일 수 없는 경우 책상 위에 꿈목록을 두고 꿈관광을 진행한다.
4컷 만화 그리기 (35분)	① 4컷 만화 그리기 활동을 진행한다. "자, 이제 우리 잠시 미래로의 시간 여행을 떠나 보겠습니다. 다 같이 눈을 감고, 잠시 심호흡을 하며, 미래를 향해 여행을 시작합니다. 지금은 ○○○○년 ○○월 ○○일입니다. 점점 시간이 흐릅니다. 하루 이틀 시간이 흘러 1년이 지나고, 5년이 지났습니다. 다시 10년을 지나 20년 후 오늘에 도착하였습니다. 나는 오늘 어디에 있고 무엇을 하고 있나요? 내 곁에 누가 있고, 나는 어떤 사람이 되어 있나요? 잠시 눈을 감고 나의 미래를 그려 보세요."

	〈진행 방법〉 • 8절지 도화지, 색연필, 크레파스를 나눠 준다. • 내 모습을 그리기 전에 학생들이 눈을 감고, 20년 후의 모습을 상상해 보는 시간을 충분히 갖는다. • 도화지를 4등분 하여 좌측 위 – 우측 위 – 좌측 아래 – 우측 아래의 순서로 20년 후 – 10년 후 – 5년 후 – 1년 후의 나이를 적도록 한다. • 20년 뒤에 내가 되어 있고 싶은 모습을 먼저 그리게 하고, 그 모습이 되기 위해 10년 후의 모습, 5년 후의 모습, 1년 후의 모습을 자유롭게 그림으로 나타내도록 한다. • 그림을 완성한 후 두 그룹으로 나누어 서로 자신의 그림을 나누도록 한다. • 들머리 의식으로 꿈노트 만들기를 한 경우 4컷 만화를 꿈노트 뒷면에 그린다.
정리하기 (5분)	**① 회기를 마무리한다.** "오늘은 평소 자신이 관심이 있거나 생각해 오던 꿈과 직업에 대한 목록을 만드는 작업을 했고, 좀 더 나아가 미래의 내 모습을 그려 보는 시간을 함께 했습니다. 무엇이 가장 기억에 남나요?" • 이번 시간을 통해 어떠한 것을 경험했는지 소감을 나누는 시간을 갖는다. **② 다음 회기에 대해 안내한다.** "자신의 꿈을 이루어 나가는 과정에 만나게 되는 많은 장애물과 어려움이 있을지도 몰라요. 다음 시간에는 그것들을 극복하기 위해서는 우리가 어떻게 해야 하는지에 대해 알아보는 시간을 갖도록 하겠습니다."
갈무리 (5분)	**① 시작의 촛불을 끄며 마무리한다.** "다 함께 나와서 초를 끄면서 오늘 회기를 마무리하도록 합시다." **② 진행자와 학생들은 서로 안아 주며 한 회기를 마무리한다.** • 자신의 이야기를 할 때에는 이야기보따리를 이용하는 약속을 반드시 지키도록 한다.

꿈 Part 10회기 장애물을 넘어라

단계	소요시간	내용
들머리	5분	시작의 촛불을 켜고 프로그램을 진행함
들어가기	5분	지난 회기에 진행한 내용에 대해 간단히 정리하고 이번 회기 내용을 설명함
꿈 Part 갈무리	50분	갈무리 의식인 장애물을 넘어라 활동을 진행함 *** 두 가지 방식 중 택1**
정리하기	5분	회기를 마무리하는 소감을 나누는 시간을 가짐
십오통활 마무리 파티	20분	십오통활 프로그램의 전체 마무리 파티를 진행함
갈무리	5분	프로그램의 갈무리에 대해 설명 후 회기 마무리를 진행함

활 동 지 도 안

목표	• 꿈을 이루기 위한 과정에서 당면할 수 있는 장애물을 생각해 보고 장애물들을 극복하는 체험을 해 본다. • 장애물을 넘고 꿈을 이루기 위해서는 주변의 지지와 도움이 필요하다는 것을 체험하고 깨닫는다.	차시	1회기 (90분)
준비물	• 기본 준비물, 붓통(장애물을 넘어라 방식 2) • 의식 음악, 활동지–장애물 목록(부록 꿈–2), 자기 선언문(부록 꿈–3)		
단계	진행 절차		
들머리 (5분)	① 시작의 촛불을 켜고 프로그램을 진행한다. "오늘 초를 붙일 학생은 나와서 초에 불을 붙여 주세요. 오늘 우리 활동이 어떠한 시간이 되었으면 좋겠는지 한마디 하면서 불을 붙여 봅시다."		
들어가기 (5분)	① 지난 회기에 진행한 내용에 대해 간단히 정리하고 이번 회기에서 진행할 내용에 대해 설명한다. "우리는 지난 시간에 자신의 꿈목록과 미래의 내 모습을 그려 봄으로써 나의 미래 모습을 상상해 보았습니다. 또한 자신이 중요하게 생각하는 가치를 확인해 보았습니다. 이런 과정을 통과했으니 시간이 흐르면 꿈은 저절로 이루어질까요? NO, 절대 그렇지 않을 거예요." "이번 시간에는 꿈을 이루기까지 경험하게 될 장애물을 생각해 보고 극복해 보는 체험을 해 보도록 하겠습니다."		
꿈 Part 갈무리 – 장애물을 넘어라 방식 1 (50분)	*** 장애물을 넘어라 방식 1, 방식 2 두 가지 방식 중 택1** ① 꿈 Part의 갈무리 의식인 장애물을 넘어라 방식 1을 진행한다. (부록 꿈–2, 꿈–3) "아무리 자신의 적성에 맞는 직업과 꿈을 목표로 삼는다 해도 꿈을 이루어 가는 길에는 항상 어려움과 장애물이 있기 마련입니다. 꿈을 이룬 사람들 모두		

	다양한 어려움을 극복했다고 합니다. 지금부터는 '꿈' Part에서 경험한 활동들을 떠올리며 자신이 진정으로 원하는 꿈이 무엇인지 생각해 보고 그 꿈을 방해하는 장애물을 극복하는 활동을 하려고 합니다." 〈진행 방법〉 • 자기 선언문 활동지를 나눠 주고 빈칸에 자신이 되고 싶은 모습을 적게 한다. • 장애물 목록 활동지를 나눠 주고 자기 선언문에 작성한 꿈을 이루는 데에 방해가 되는 장애물을 적게 한다. • 진행자와 보조 진행자는 학생이 작성한 장애물 역할을 한다. • 학생이 서 있는 자리에서 약 10m 거리에 자기 선언문을 두게 한다. • 학생은 자신의 장애물을 극복하고 자기 선언문을 잡는다. • 자기 선언문을 큰 목소리로 선언한다. **진행 Tip** • 학생이 장애물을 피해 지나가는 것이 아니라 장애물을 뚫고 가도록 한다. • 학생이 힘들게 장애물을 극복하고 꿈을 이뤘다는 성취감을 줄 수 있도록 진행자와 보조 진행자는 적절한 힘과 강도로 장애물 역할을 해 준다. • 나머지 학생들은 장애물을 극복하는 학생을 응원할 수 있도록 한다. • 상황에 따라 장애물을 넘어라 방식 2를 진행할 수 있다.
꿈 Part 갈무리 – 장애물을 넘어라 방식 2 (50분)	① 꿈 Part의 갈무리 의식인 장애물을 넘어라 방식 2를 진행한다. 〈진행 방법〉 • 모두 손을 잡고 둥글게 서도록 한다. • 장애물을 극복할 학생과 그 학생의 꿈이 되어 줄 학생을 뽑는다. • 꿈이 되어 줄 학생은 붓통에 자기 선언문을 넣고 원 주위를 도망 다닌다. • 장애물을 극복할 학생은 도망 다니는 꿈을 잡는다. 이때 꿈이 되어 줄 학생은 원의 안과 밖을 자유롭게 드나들 수 있지만, 장애물을 극복하는 학생이 원 안으로 들어가거나 밖으로 나올 때 손을 붙잡은 학생들은 장애물이 되어 장애물을

	극복하는 학생이 들어가거나 나올 수 없도록 막는다. • 장애물이 되어 주는 학생들은 장애물을 극복하는 학생이 적은 장애물 목록 중 하나씩을 이야기해 준다. • 꿈을 잡으면 자기 선언문을 큰 목소리로 선언한다. **진행 Tip** • 장애물을 이야기할 때에는 활동지에 적힌 장애물만 말하도록 한다. • 상황에 따라 장애물을 극복하는 학생이 포기하지 않도록 도움을 줄 학생 2명을 뽑는다. 그 학생은 직접 꿈을 잡을 수는 없지만 장애물을 뚫는 것은 도와줄 수 있다.
정리하기 (5분)	① 회기를 마무리한다. "자, 지금까지 꿈을 이루는 과정에서 부딪히는 어려움과 장애물을 극복하기 위한 경험을 해 보았습니다. 우리가 가는 길에는 많은 도전과 어려움이 있지만, 내 안에는 극복할 힘이 있다는 점을 알게 됐습니다. 자신이 계획한 꿈을 소중하게 간직하고 그 꿈을 이루기 위해 열심히 노력하는 모습으로 계속 성장해 가길 바랍니다."
십오통활 마무리 파티 (20분)	① 십오통활 프로그램의 전체 마무리 파티를 진행한다. "자, 우리는 이제 막 10주 동안 진행되어 온 십오통활 프로그램, 15세 통과의식의 모든 여정을 마쳤습니다. 그동안 함께 해 온 동료들, 선생님들, 그리고 자기 자신을 향해 자랑스러운 마음을 느껴 보기 바랍니다. 우리가 10주라는 긴 시간의 통과의식을 해냈습니다!" 〈진행 방법〉 • 학생들이 1회기부터 활동한 모습을 찍은 사진으로 영상을 만들어 시청한다. • 십오통활 프로그램을 마친 학생들에게 '통과증'을 나눠 준다. • 준비한 간식을 먹으며 자유롭게 이야기한다.

	진행 Tip • 마무리 파티 시간에는 학생들이 그동안의 경험에 대해서 자유롭게 이야기 하며 즐겁게 마무리할 수 있도록 진행한다.
갈무리 (5분)	**① 시작의 촛불을 끄며 마무리한다.** "다 함께 나와서 초를 끄면서 오늘 회기를 마무리하도록 합시다." **② 진행자와 학생들은 서로 안아 주며 한 회기를 마무리한다.** • 자신의 이야기를 할 때에는 이야기보따리를 이용하는 약속을 반드시 지키도록 한다.

십오통활

부록

I. 나

회기	PPT	동영상	활동지
1회기	–	프로그램 오리엔테이션 영상	촛불길 통과의식 활동지
2회기	나를 만든 사람들 뿌리 PPT	–	나를 맞혀 봐 활동지
3회기	조하리의 창 PPT	–	장점 풍선 활동지

III. 성

회기	PPT	동영상	활동지
6회기	–	임신 및 출산 동영상 낙태 동영상 남녀 스킨십 차이 동영상	–
7회기	사랑과 성 지도 PPT	–	이성친구가 있으면 활동지 스킨십 가이드라인 활동지 자기 서약서 활동지

IV. 꿈

회기	PPT	동영상	활동지
8회기	–	–	인생가치목록 활동지
9회기	–	꿈목록 동영상	–
10회기	–	–	장애물 목록 활동지 자기 선언문 활동지

※ PPT와 동영상은 소정의 교육과정을 마친 교육생에게 제공됩니다.

나-1 촛불길 통과의식 활동지

이 시기를 생각하며 떠오르는 사건이나 감정을 적어 봅시다.

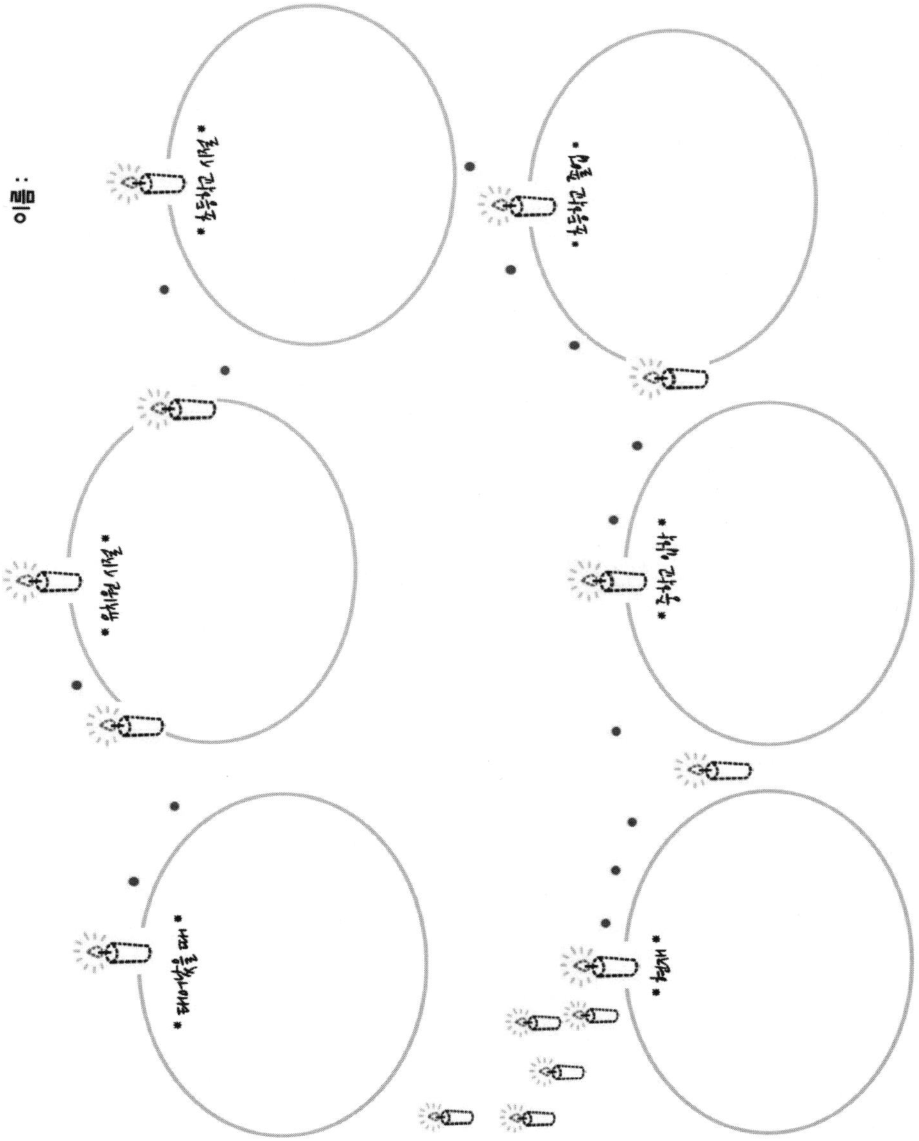

나-2 나를 맞혀 봐 활동지

이름 :

1. 나의 별명은
2. 내가 가장 잘하는 것은
3. 나의 보물 1호는
4. 내 몸에서 가장 예쁜 부분은
5. 나에게서 바꾸고 싶은 점은
6. 내가 가장 행복할 때는
7. 내가 가장 슬플 때는
8. 내가 가장 힘들었을 때, 나를 버티게 해 준 사람(것)은
9. 내가 닮고 싶은 사람은
10. 내가 인생에서 가장 잘했다고 생각되는 것은
11. 내가 죽기 전에 꼭 이루고 싶은 꿈은
12. 내가 바라는 2가지 기적은
13. 나에게 요즘 가장 큰 스트레스를 주는 것은
14. 내가 가장 싫어하는 것은
15. 내가 좋은 사람이라고 생각하는 2가지 이유
16. 내가 다른 사람들로부터 강요당할 때
17. 내가 친구들과 꼭 하고 싶은 것은
18. 무인도에 떨어지게 된다면 꼭 데리고(가지고) 가고 싶은 사람(것)은
19. 나는 다른 사람들이 나를 (   ) 라고 생각했으면 좋겠다.

나-3 장점 풍선 활동지

이름 :

내가 생각하는 나의 장점과 단점을 적어 봅시다.

성-1 이성친구가 있으면 활동지

이름 :

이 성 친 구가 있으면

이런 게 좋아요

이런 게 불편해요

성-2 스킨십 가이드라인 활동지

이름 :

1. 어깨 기대기
2. 팔짱 끼기
3. 포옹
4. 무릎에 앉(히)기
5. 업어 주기
6. 가벼운 뽀뽀
7. 어깨동무
8. 손잡기
9. 백허그
10. 머리 쓰다듬기
11. 무릎베개
12. 진한 키스
13. 볼 만져 주기
14. 귀속말
15. 손만 잡고 자기
16. 손등에 뽀뽀
17. 성관계
18. 눈 마주치기
19. 안마해 주기
20. 허리 감싸기

지금 당장 할 수 있어	이건 나중에	이런 건 정말 싫어

성-3 자기 서약서(남자)

자기 서약서

나는 ______________________ 남자친구가 되겠습니다.

나는 ___________________________ 남편이 되겠습니다.

나는 ___________________________ 아빠가 되겠습니다.

년 월 일

이름

서명

성-3 자기 서약서(여자)

자기 서약서

나는 ______________________ 여자친구가 되겠습니다.

나는 __________________________ 아내가 되겠습니다.

나는 __________________________ 엄마가 되겠습니다.

년 월 일

이름

서명

꿈-1 인생가치목록 활동지

이름 :

인생가치목록	참가여부	우선순위	참가 희망금액	최고 낙찰액	낙찰자
1. 건강하게 오래 살기					
2. 친구와의 진정한 우정					
3. 사랑하는 사람과의 결혼					
4. 100억대의 재산					
5. 많은 사람들을 이끄는 탁월한 리더십					
6. 세상을 변화시킬 수 있는 권력					
7. 누구나 부러워할 미모와 매력					
8. 사랑이 충만한 부모로서의 삶					
9. 흥미로운 모험을 즐기는 삶					
10. 창의적이고 독창적인 나만의 기술					
11. 누구의 간섭이 없는 자유로움					
12. 누구에게나 존경받는 사람					
13. 누구나 알아볼 만한 유명인					
14. 행복하고 따뜻한 가족					
15 지혜롭고 통찰력 있는 사람					
16. 정열적인 사랑과 로맨스					
17. 마음의 평화					
18. 다른 사람을 돕는 삶					
19. 직업분야에서의 성취와 성공					
20. 예술을 즐기는 삶					
21. 누구와도 친구가 될 수 있는 친화력					
22. 정직하고 성실한 삶					
23. 평범하고 소박한 삶					
24. 보람과 즐거움이 넘치는 직업					
〈자신이 구입한 가치관〉					

꿈-2 장애물 목록 활동지

이름 :

자신의 꿈을 이루는 데 있어 예상되는 장애물들을 떠오르는 대로 적어 봅시다.

극복하고 싶은 장애물의 우선순위를 정해 봅시다.

(장애물들이 나에게 어떤 말을 하면서 방해하나요? 장애물들의 말 주머니를 채워 봅시다.)

꿈-3 자기 선언문 활동지

자기 선언문

나는 ______________________ 되겠습니다.

그러기 위해

1. ______________________ 하겠습니다.

2. ______________________ 하겠습니다.

3. ______________________ 하겠습니다.

년 월 일

증인

증인 이름 (인)

증인

저자 소개

한영주(Han Youngjoo)

이화여자대학교 영어교육학 석사

이화여자대학교 심리학 박사(상담 전공)

이화여자대학교 사회과학연구소 박사 후 연구원

한국상담대학원대학교 부설 15세상담연구소 초대소장

현 한국상담대학원대학교 상담학과 교수

채선기(Chae Sunki)

한남대학교 상담심리학 석사

성균관대학교 교육학 석사

성균관대학교 교육학 박사 수료

한국상담대학원대학교 박사(아동청소년상담 전공)

현 한국상담대학원대학교 부설 15세상담연구소 부소장

한국상담대학원대학교 상담학과 겸임교수

한림성심대학교 유아교육과 겸임교수

김수진(Kim Soojin)

한국상담대학원대학교 상담학 석사(아동청소년상담 전공)

한국상담대학원대학교 상담학 박사 수료

현 한국상담대학원대학교 부설 15세상담연구소 책임연구원

최정호(Choi Joengho)

한국상담대학원대학교 상담학 석사(아동청소년상담 전공)

한국상담대학원대학교 상담학 박사과정

현 한국상담대학원대학교 부설 15세상담연구소 선임연구원

십오통활(十五通活)
집단상담 프로그램
Sip-O-Tong-Hwal: Group Counseling Program

2017년 8월 10일 1판 1쇄 발행
2022년 9월 20일 1판 4쇄 발행

지은이 • 한영주 · 채선기 · 김수진 · 최정호
펴낸이 • 김 진 환
펴낸곳 • (주) 학지사
04031 서울특별시 마포구 양화로 15길 20 마인드월드빌딩 5층
대표전화 • 02) 330-5114 팩스 • 02) 324-2345
등록번호 • 제313-2006-000265호
홈페이지 • http://www.hakjisa.co.kr
페이스북 • https://www.facebook.com/hakjisabook

ISBN 978-89-997-1321-7 93180

정가 13,000원

저자와의 협약으로 인지는 생략합니다.
파본은 구입처에서 교환하여 드립니다.

이 도서의 국립중앙도서관 출판시도서목록(CIP)은 서지정보유통지원시스템 홈페이지(http://seoji.nl.go.kr)와 국가자료공동목록시스템(http://www.nl.go.kr/kolisnet)에서 이용하실 수 있습니다.
(CIP제어번호: CIP2017017395)